AF444179

Conversaciones con mi perro

Puri Lozano

Editorial ⊙ Creación

Temática: Narrativa, Espiritualidad

© Puri Lozano
© Editorial Creación
  Jaime Marquet, 9
  28200 - San Lorenzo de El Escorial
  (Madrid)
  Tel.: 91 890 47 33
  http://www.editorialcreacion.com
  http://editorialcreacion.blogspot.com
  https://www.facebook.com/EditorialCreacion
  https://twitter.com/EdCreacion
  http://www.youtube.com/user/editorialCreacion

Primera edición: mayo de 2014

ISBN: 978-84-15676-20-1

Depósito Legal: M-13865-2014

Maquetación: Mejiel

Printed in Spain

Contenido

En homenaje al ser maravilloso que me ha acompañado todos estos años y que lo sigue haciendo allá donde está; que me ha enseñado el amor sin condiciones, la sencillez, la dignidad, la superación y tantas otras cosas…

Por lo tanto, os invito a todos a que os planteéis el compartir la vida con alguno de estos maravillosos maestros y realmente sabréis lo que es

VIVIR

Agradezco infinitamente al Padre Eterno y a Japy, por querer acompañarnos, protegernos y enriquecer nuestras vidas.

NÁMASTE

JAPY O «FELIZ» EN INGLÉS

Aunque me considero una gran amante de los hermanos animales, creo que es, precisamente, por esto por lo que no me he decidido casi a adoptar o, como dice mi amiga Pilar Zamarra, a dejarme adoptar por alguno de ellos.

En una ocasión que encontramos un gorrión que no se podía valer por sí mismo, lo llevamos a casa, lo cuidamos y pronto se convirtió en el centro de alegría. Aunque era de todos, yo le tomé un especial cariño. Pero un día de julio, al volver del trabajo, me anunció mi hermano, nada más entrar por la puerta, que el gorrión apareció «patas arriba»… Pensé que era una de sus bromas, de muy mal gusto, pero no: allí estaba el pobre, en la ventana, con las patas… literal. El disgusto que me llevé…, recuerdo que casi me faltó ponerme de luto riguroso.

Para colmo, en esos días comencé a trabajar, es decir, un lugar y gente nueva (no sé qué pensarían de mi actitud tan extraña) y, además, mi familia se iba a la playa, por lo que era la primera vez que me quedaba sola, con lo cual, todo se me hizo un mundo.

Mi familia, para consolarme, me trajo un periquito precioso; entre otros colores, recuerdo que era verde… pero no lo pude aceptar, creo que lo aborrecí. Debe ser que llevo a tal extremo lo que le pueda pasar a alguno de esos seres maravillosos, que no puedo tomarlo como algo habitual, o relativizarlo.

Seguramente, por este motivo, cuando Jesús (más adelante, mi pareja) me propuso alguna vez adoptar un perro, yo me negaba en redondo a ello pensando en eso: si se ponía malito, alguna otra calamidad, incluso si nos lo robaban, como le pasó ya a él con un magnífico pastor alemán de dos años.

Pero ahora pienso que la vida me obligó de una forma poco sutil ☺: inauguramos una tienda y, en poco tiempo, me atracaron dos veces, de forma que veía a todo el mundo que iba a entrar como si fueran delincuentes. La tienda, por supuesto, tenía rejas, permanecía con la puerta cerrada, «por si acaso», y solo abría cuando tocaban al timbre y a quien reconocía, pero, aun así, no me quitaba el susto de encima con lo cual, la solución estaba clara: ¡adoptar un perro!

A poco que lo dijimos, ya nos regalaban por aquí y por allí algún pastor alemán…, pero no llegaban. Luego otras personas, más de lo mismo: nos lo ofrecían, pero no se cumplía la oferta. En este plazo, pasaron algunos meses y yo no podía tolerar pasar más tiempo entre tanta incertidumbre y tensión miedosa por lo que compré el *Segundamano* y busqué, confiando en encontrar la sección de mascotas que regalan, pero ¡no la encontré! Solo encontraba la sección de compra, lo cual no podía admitir, con todos los perros que regalan.

Como no tenía otra, eché un vistazo y en un anuncio ofrecían un pastor cruce con collie de 15 días por 30 euros. Lo primero que pensé fue: «¡Qué bonito, el sueño de mi vida, un collie!». Pero enseguida me eché atrás precisamente por eso, por bonito, pensando en que si lo robaban, como le pasó al de Jesús, que si costaba tal cantidad, etc. (no tanto por el dinero en sí, sino por el símbolo, me guío mucho por ellos, no quería que fuera una transacción comercial); se lo dije a Jesús y me animó explicándome que no siempre iba a pasar lo mismo, que a lo mejor me lo regalaban… Total, me pareció que era un sí o sí, y llamé. Lo primero que me dijeron es que no querían cobrar, sino encontrar a alguien responsable, entonces me surgió una enorme sonrisa y le dije que si le servía de referencia el tipo de tienda que teníamos, dedicada al bienestar del cuerpo y del espíritu, total que esa misma noche quedamos para ir a verlo.

El «peque» había nacido en Vicálvaro junto a otros cuatro hermanos, tres hembras (que ya estaban comprometidas), y otro macho. No puedo describir lo que me pasó por el cuerpo al ver el corralito donde estaban todos hechos un ovillo (parecían pequeñas habichuelas), en una caja de madera. Yo no podía dar pie con bola; fue Jesús quien cogió a uno de ellos pero, según cuenta, pues yo no me enteré, se le revolvió, por lo que lo dejó en su sitio y cogió al otro. Este sí se le acurrucó como diciendo: «¡Aquí me quedo!»; y Jesús pensó: «¡Este es!» (he de confesar que, a pesar de mi enorme raciocinio, yo ¡me los hubiera llevado todos!).

Al dueño se le notaba en la cara que le daba pena separarse, pero no había otra, claro está. Nos regaló leche maternizada para darle en esos días (todavía tenía los ojos cerrados) y un trocito de manta de su madre para que la extrañara menos, ¡tanto amor le tenía! (estos sentimientos se entienden solamente entre los que hemos convivido con uno de estos maravillosos seres).

Total que nos fuimos a casa con él metido en una caja de zapatos del 42. Por el camino, pensando en que había que darle el biberón y no teníamos, paramos en una farmacia de guardia a comprar uno.

Lo siguiente fue buscarle un nombre y decidimos que nos lo dijera él, con lo cual, tuvimos que hacer un ejercicio de concentración y escucha… A mí solo se me ocurría algo terminado en y o en ay…, poca cosa. Jesús tampoco tenía nada claro, hasta que se le ocurrió abrir al azar un libro de dioses egipcios, yéndose su vista a un nombre: Japy, dios de la abundancia, del Nilo y, entre otras cosas, de las vísceras.

Nos miramos, le miramos a él y le preguntamos si era ese nombre, a lo que pareció asentir y, como nos resultó bonito y original, pues ¡con él se quedó!

Días después viene Jesús impresionado, enseñándome el biberón que compramos y diciéndome ¡mira lo que pone! Entre algún dibujo, se podía leer «HAPPY DOGS» (perros felices): la pronunciación de «feliz» en inglés es la misma que el nombre del dios egipcio, el cual, más adelante supimos que también se escribía como «feliz» en inglés. Quiero hacer notar que el biberón era, supuestamente, para niños…

Japy y el biberón donde se lee HAPPY DOGS

Y así fue: ya no sólo nos hacía brotar las más puras emociones, de lo más profundo, a nosotros dos, sino que, para todo el que se le acercaba, ¡verle era una fiesta y todos querían acariciarle, tocarle y jugar con él!

Además, fue siempre muy guapo y zalamero, por lo que era un número ir por la calle con él. Era raro el día que no le decían, varias veces, lo guapo que era.

Y así, durante toda su vida fue alternando entre las dos palabras: Japy, su nombre original y Happy que es como pensaba la gente que se llamaba, pero, además, fue su clave de identidad, pues fue un perro feliz e hizo felices a todos los que le rodearon; se veía claramente que era como su empeño principal o su meta.

Japy dispuesto a lanzarse desde un tobogán

Jugar es lo más importante

Como los primeros días era tan chiquitín, tuvimos que darle el «bibe» cada dos horas como a los bebés, por lo que nos turnamos, de noche, principalmente. Realmente, ellos y nosotros somos mamíferos, por lo que los primeros cuidados son casi idénticos.

Pero como la vida de ellos es mucho más acelerada (un año nuestro equivale a 7 de ellos), apenas fueron 15 días cuando ya pasamos a las papillas y solo durante el día. Papillas… y cacas por aquí y allí, aunque a poco que le enseñamos cómo hacerlas en la calle, en los alcorques de los árboles, lo entendió casi a la primera y ya fue muy difícil o casi imposible que las hiciera en casa. Es más, aunque tuviera alguna urgencia, iba lo más lejos posible de la puerta.

- - - - - - -

Una anécdota muy graciosa fue que, volviendo del trabajo, le llevaba en el regazo y, pensando en que se acurrucaba en el hombro, le dejé, cuando resulta que siguió indagando por ese camino y ¡se coló en la manga del chaquetón! Hubo que parar el coche para rescatarle, por miedo a que se asfixiara.

Aunque siempre tuvo mucho miedo, sobre todo al principio, a la vez tenía un gran coraje, metiéndose por los sitios más inverosímiles, llevándose alguna que otra vez, algún zarpazo gatuno.

Lo que más me impactó de él, desde el principio, fue que, de repente, me quitó una buena «depre» que tenía solapada: una mañana que llegamos a la tienda (yo, tan dispuesta a enfrentar el nuevo día) se me planta delante con una clara intención de ¡jugar! No podía creer lo que estaba viendo, ¡con todo lo que tenía que hacer y, sin un minuto que perder!, me quise zafar de la situación, pero él parecía tener más claro que no me iba a dejar escapar…, por un momento recapacité: «si le tenemos, tendremos que prestarle atención algún rato, al menos». ¡Y allí me puse a jugar con el… haciéndole algún pequeño agujero a mis medias recién estrenadas!

Aquel día creo que aprendí la lección más importante: que ¡la Vida es un juego! y que todo es relativo. Si hoy sé jugar, es gracias a él. Y también aprendí que jugar es tan importante como comer, dormir, trabajar, así como pasear por el parque, el campo, el contacto con la naturaleza. Creo que no se puede vivir en buenas condiciones sin estas actividades que dan equilibrio y estabilidad.

Su misión protectora

A lo largo de toda su vida, y desde el principio, como ya comenté, pareciera que su misión principal fue la de protegernos…, con él me sentía completamente tranquila, ya fuera por la ciudad o por los parques o campos.

Ya siendo cachorro, me salvó de un peligro: una mañana llamaron al timbre de la tienda (la tenía cerrada) y cuando miré, vi a una mujer, e inmediatamente abrí y entró la mujer, pero detrás de ella se precipitaron dos chicos, jovencitos y que iban tambaleándose, con muy malas pintas. La mujer y yo nos miramos con cara de circunstancias, pero cuando uno de ellos llegó a mi altura y vio al cachorrillo (le estaba dando el biberón en ese momento y salí con el en brazos), soltó un «¡uy, que bonito!», y conforme lo dijo, se dieron media vuelta y se fueron. Nos quedamos la mujer y yo estupefactas. Lo único que se me ocurrió es que pensaron en que la madre estaba dentro y podría salir y atacarles.

Con él aprendí que la gente de mala voluntad, además son cobardes, ¡huyen despavoridos de estos nobles seres!

También, dos o tres personas nos dijeron que «algún mal» que iba contra nosotros, el lo desviaba… Es conocida la fama de los gatos en «absorber» las energías negativas. En este caso, Japy también cumplía esa función, de hecho, de vez en cuando tenía problemas digestivos extraños que no obedecían a nada concreto.

Recuerdo con una gran sonrisa, un día en que estábamos en el parque, al mediodía, con más perros y dueños. En ese momento, se acercaba un hombre con un perro, los dos con un cierto aspecto extraño. No sé por qué, todos los perros empezaron a ladrarles con mucha fuerza y Japy lo que hizo fue subirse al banco donde estaba yo sentada y colocó todo su cuerpo delante del mío a modo de protección sin decir ni pío y temblequeando.

Cuando ya se alejaba el hombre con el perro, todos los demás se callaron y fue Japy cuando empezó a ladrar con mucho ímpetu como amedrentando… ☺.

Pero, el hecho de querer protegerme de ese invasor ¡con todo su cuerpo!, a pesar del miedo que estaba pasando, me enterneció sobremanera… Así fue siempre.

LA PRUEBA DE FE

Desde el primer momento, el veterinario nos avisó, muy insistentemente, de que deberíamos tener muchísimo cuidado de que Japy no pisara la calle, literal, hasta que no le pusieran las vacunas, hablándonos de los terribles peligros o enfermedades que le acecharían.

Yo me lo tomé a pies juntillas, a pesar de que Jesús me repetía que siempre los perros han andado por ahí y no les había pasado nada, y también a pesar de no ser una fiel seguidora de la medicina oficial para mí, pero para él guardaba todo el celo del mundo para que estuviera bien…

Y así fue, llegaron los cuatro meses y medio reglamentarios, le pusieron todas las vacunas «obligatorias» y ¡a correr por la calle! Tal fue el impacto, que le daba miedo. Para colmo, uno de los primeros días, se le acercó ¡un dogo! (uno de los perros más grandes) y, en un rato, jugando ¡le saltó por encima! El pobre Japy salió corriendo que casi no le alcanzamos. ¡Qué escena más divertida si no fuera por lo mal que lo pasó! No me extraña, hasta ese momento, no se había relacionado casi con ningún congénere.

Pero, justo algunos días antes de empezar la Feria del Libro de Retiro, cuando ya estábamos con los preparativos, se puso malito. Empezó con diarreas, siguió con vómitos, primero dispersos, pero después más continuos y con sangre, olor fuerte…, se puso muy malito. Le llevamos a una clínica de urgencia y, a pesar de todas las pruebas, no supieron (o eso dijeron) lo que tenía.

Dejó de comer y algún día, incluso ni bebía…, tenía una mala pinta horrorosa, en concreto, un domingo en El Retiro (ya había empezado la Feria del Libro).

Yo pensaba aquello de que si era injusto, que casi no me había dado tiempo ni a mentalizarme ni a disfrutar de él… y cuando ya me sobrepasaban las emociones… me abandoné y pedí que fuera lo que El Padre decidiera…

Mi prima, que apareció de forma providencial, me animó con sus palabras: «aunque lo parezca, no tiene porque ser grave».

Así fueron pasando, tan costosamente, un día tras otro: le cuidábamos como buenamente entendíamos, aplicándole las medicinas y los remedios naturales que teníamos al alcance de la mano y, como en la tienda pasaba mucha gente, le pedí a todos los del *reiki* que le trataran, entre ellos, a Carmen. También Paco se ofreció a impo-

nerle las manos, tan gustoso. Y, entre cuidados de unos y
otros, fueron pasando los días.

También yo cambié de actitud. Durante los primeros días me sentía invadida, a merced de las circunstancias, pero un día pensé en los símbolos e interpreté que si
él representaba una parte de mí que estaba enferma (cier-
tamente yo estaba en un estado anímico muy bajo), ¡iba a
empeñar todo el esfuerzo en verle sano, vital!

Fuera coincidencia o no, el caso es que, a partir
de ahí, ¡remontó! Los veterinarios nos avisaron de que el
pronóstico era muy malo, pero si lograba superar algunos
días, podría salvarse y, por los motivos que fueran, ¡así
fue! Una noche tuvo interés en lo que estábamos cocinan-
do, que era ¡brócoli!, se lo acercamos y fue lo primero que
empezó a comer…, después de una semana.

Los veterinarios no nos llegaron a decir nunca lo
que tenía, aunque nos dijeron que «es muy raro que sobre-
vivan a esa enfermedad…». Lo que sí está medianamen-
te claro es que la vacuna le reaccionó, que fue lo que le
produjo la enfermedad (parecía ser un parvovirus)…, una
lección muy dura que aprendí muy bien sobre las vacunas. También la medicación, en lugar de hacerle bien, le
produjo algún efecto secundario adverso

Aquí transcribo un artículo que escribí sobre
esta etapa. También está en mi blog personal: http://pu-
rilozano.blogspot.com.es/search/label/experiencias%20
con%20mi%20perro:

Lo que me enseña mi perro

Dicen los maestros que cuando cuidamos o guardamos a nuestro cargo un animalillo le estamos ayudando en su evolución. Pero, al regalarnos un cachorro, mi pregunta fue: ¿y... en que me ayuda él a mi? Pues bien, he ido obteniendo respuestas ¡asombrosas! poco a poco. Lo primero fue que, básicamente, son como nosotros (también son mamíferos): hubo que darle el biberón cada dos horas; más tarde la papilla; luego vienen los dientes de leche y, poco más adelante, los definitivos... Eso sí: todo esto en menor espacio de tiempo. Cualquier persona, incluida yo, le tratamos cual bolita de pelo indefensa, ingenua y desprotegida, con lo cual renacen del fondo del corazón los sentimientos más tiernos y cálidos. Actúa como haríamos nosotros si no tuviéramos reparos en expresar lo que sentimos: es puro y directo sentimiento. Ese fue el mayor impacto: que te sacan las emociones de la forma más simple, sí o sí, ¡totalmente recomendado para gente básicamente mental! Y lo siguiente es que ¡me obliga a jugar! Una persona tan ocupada como yo, sin tiempo para nada, ni siquiera para uno mismo y de repente... tengo que jugar, y..., además, aprendo que jugar es tan importante como trabajar, comer, dormir, etc.

Cuando le pusimos la correa y el collar para ir por la calle, no lo entendía y se revelaba, actuaba como si le infligiéramos algún mal o como si le castigáramos o reprimiéramos por algún extraño motivo. No sabía que era para su bien: para dirigirle por el camino más adecuado, enseñarle a parar en los semáforos y lo más importante: para protegerle de algún perro que pudiera morderle o alguna persona que le diera algo malo (aunque, por fortuna, casi no hay). Todo esto me dio mucho que pensar ya que, por analogía, si la escala evolutiva va desde la piedra, pasando por el vegetal y el animal, hombre, ángel, etc., entonces si mi perro es a mí como yo soy a mi ángel... pienso en cuantas veces las circunstancias de la vida me han «atado corta» y, volviendo la vista atrás, ha sido para mí bien; cuantas veces me he revelado, incluso con furia y rebeldía, hacia ese Ser, sin conocer la globalidad y sin saber, siquiera, si ese pequeño mal era para evitarme uno mucho peor y, mucho menos, agradecer esa protección... Da que pensar.

Más tarde, ocurrió algo muy triste: cayó enfermito y casi se va. Entonces fue como si algo se fuese de mí, pero no lo entendía porque sé que la vida de estos animales es muy corta, pero todavía no habían pasado meses. Una tarde (él seguía con la misma actitud negativa) pensé que, si esa parte mía, que era él, estaba tan sumamente negativizada que se iba a ir (por cierto, yo estaba bastante negativa, no sé si más que él), pues... llegó el momento de cambiarla: hablé con esa parte mía tan negativa pasándola a positiva en un esfuerzo bastante grande y a continuación hablé con él diciéndole que no podía seguir así, que estaba para acompañarnos, protegernos y cuidarnos y que tenía que hacer un esfuerzo y cambiar... bueno, pues, creo que entre esto y otras ayudas, al ratito empezó a beber y por la noche empezó a comer, recuperándose más tarde. Conclusión, los maestros dicen que estos animales aprenden y viven de nuestras emociones y que son tan fieles a su amo que pueden hasta sacrificarse y sufrir lo que le correspondería al amo para que este no lo padezca. Pues bien, con esta experiencia entendí que este animalillo estaba viviendo o sufriendo algo que me correspondía a mí y que he generado yo, y en lugar de evitarlo yo, lo estaba absorbiendo él ¿llegando incluso al sacrificio final? Es decir, me obliga a ser feliz.

Hay muchas más experiencias que voy conociendo poco a poco: no es nada rencoroso; cualquier problema o traba que surge, la supera, ¡como si nunca hubiera existido! En fin, son experiencias para vivirlas porque por más que se cuenten son inimaginables.

****

Este artículo lo he extraído de la revista Savia, n.º 7, página 8, la podéis descargar en:

http://www.editorialcreacion.com/alariel/tienda/pdf/revista/savia7.pdf.

Sobre la dignidad

Después de tan duros días, el pobre se quedó famélico. Pero algo que se me grabó a fuego fue la primera vez que quiso salir a hacer sus necesidades a pesar de estar muy débil (siempre, estuviera como estuviese, se iba lo más lejos que podía). Intenté ayudarle y me respondió con un gesto de rechazo, como diciendo que el solo se bastaba… (¡si casi no se sostenía en pie!). Yo aún estaba un poco sumida en toda la penuria anterior y él parecía comportarse como si fuera otra etapa ya (¡borrón y cuenta nueva!) en ese momento, no parecía recrearse en, apenas, el día anterior, sino en ¡cómo salir adelante!

¡Cuánto aprendí con él!

Los siguientes días fueron, además de muy alegres, graciosos: se tumbaba en la entrada de la tienda y, teniendo en cuenta que habría que cuidar el sistema digestivo, le ponía, para que comiera, zanahoria, repollo (su jugo es cicatrizante de las paredes del estómago), lechuga, patata con piel incluida, y ¡él se lo comía tan ricamente! Eso sí, después de pasar por el test del olfato, siempre.

Era graciosísimo verle comer una zanahoria o alguna de las otras hortalizas, incluso diría que lo hacía con verdadero afán. ¡Cuánta sabiduría innata guardan!, saben perfectamente lo que necesitan en cada momento.

Japy en la tienda

La gente que pasaba, miraba sorprendida y ahí empezaron a decir que era un perro «vegetariano». Nada de extrañar pues siempre se dijo que, en determinados momentos, comen hierba «para purgarse» (saben exactamente la planta que necesitan) y, seguramente, para alimentarse si se presenta la ocasión, pues en ocasiones en que posiblemente tenía acidez, él pedía patata o col (las dos, ideales para la acidez), y siempre, fuera cuando fuese, le chiflaba la lechuga, brécol; y en verano, el melón y la sandía le causaban una gran alegría, para él era una gran fiesta.

LA GRATITUD Y LA SANACIÓN

Al poco tiempo del episodio de su enfermedad, cambió su actitud con algunas personas que le hicieron *reiki*, en concreto con Carmen. Anteriormente no es que le hiciera mucho caso, pero después… Un día que estábamos paseando por la calle, de repente, empezó a tirar y a revolverse, a ladrar como si se hubiera vuelto loco y no sabíamos qué le pasaba. Al poco, vimos a lo lejos que venía Carmen, y ya entendimos… Le soltamos y salió disparado hacia ella. ¡Poco le faltó para subirse a sus brazos!, era para verle. Desde entonces, siempre que la veía parecía que no sabía cómo demostrarle su agradecimiento.

Pero la sorpresa fue con Paco: él es un hombre muy culto y educado, quería mucho a Japy y, desde luego, era correspondido. Siempre que le veía, saltaba corriendo y le ponía las patas delanteras en sus hombros y él le decía invariablemente: «¡NO, PATAS NO!», tengo que educarte como hice con mis otros perros: «¡PATAS NO!» (no lo logró nunca, no pudo dominar el entusiasmo de Japy cuando le veía).

Un día que entró por la puerta (no le había vuelto a ver desde que estuvo malito), Japy saltó sobre él de tal forma, que empezó a gritar: «ay, ay, ay, ¡me ha curado, me ha curado!». Cuando se calmó un poco, nos contó muy excitado que le iban a operar en tres días su dedo meñique de una artritis perniciosa la cual le obligaba a llevar el dedo rígido y Japy, de un golpe, ¡se lo arregló! Terminó diciendo: «me ha devuelto la sanación que le di a él».

También es sabido que los perros pueden curar heridas si las lamen, porque en la saliva llevan un fuerte bactericida. Japy (y creo que otros perros también por lo que he escuchado) tenía una predisposición especial para acercarse a quien lo estaba pasando regular o mal, en cualquier sentido, tanto físico como emocional…

Una mañana llegó una clienta habitual y se fue a la sección de libros a echar un vistazo. Al poco rato, como de repente, dijo que se iba. Le vi mala cara, muy pálida por lo que le pregunté si se encontraba bien, y dijo que se iba porque se estaba empezando a encontrar mal y, aunque insistió en irse, yo le insistí más en que se quedara pues no tenía muy claro que pudiera llegar a su casa.

Le acerqué una silla y la convencí de que se quedara hasta que se encontrara un poco mejor (se negó a tomar nada), a lo que accedió. Allí la dejé que respirara tranquila y volví a mis quehaceres. Entonces observé que Japy, muy discretamente, se acercó y se sentó a su lado de forma que ella pudo alargar su mano y acariciarle el cogote, así estuvo un rato (y yo asombrada por la estampa), cuando de repente dice: «¡Ya se me ha pasado! ¡Japy me ha quitado los males conforme le iba acariciando!».

Así era él. En dos ocasiones, distintas personas me dijeron que él nos quitaba mucho mal que iba para nosotros. No sé si será esto a lo que se referían, pero el caso es que, parece ser que los perros, y más en concreto los gatos, absorben energías negativas que hay en el ambiente y las trasmutan o bien las derivan por las patas al suelo, una especie de «toma de tierra».

¡Cuánto tengo que agradecer a este ser, solo de forma consciente! (Inconscientemente, me imagino que más de lo que me puedo imaginar).

LOS VIAJES Y LA CAPACIDAD DE ADAPTACIÓN

Nada más adoptarle, ya se subió al coche y casi diría que no se bajó, o por lo menos, identificaba el coche como su casa o refugio. Estaba loco por subirse e irnos donde fuera, así él era completamente feliz.

Siempre me sorprendió lo feliz que se mostraba a pesar de las circunstancias o de nosotros. Estuviéramos como fuera, de mejor humor o de peor, el siempre respondía igual: con su buen humor y su cara de felicidad, siempre… aunque a última hora si acusó el estar limitado en sus movimientos o las molestias que le daba la artrosis.

Otra enseñanza que aprendimos con él: su capacidad de adaptación. Ya podíamos estar en verano o en invierno (su pelaje se iba adaptando a las estaciones), en nuestra casa o en la de otros, aquí o allí, ¡él siempre estaba contento!

Pero, en concreto, cuando había que utilizar el coche…, eso era la gran fiesta. También cuando tiraban petardos, lo pasaba rematadamente mal y si acudía a algún lugar seguro, en lugar de la casa, ¡iba al coche!

Quiero aprovechar para denunciar por qué se usan los petardos en el mejor de los casos o los pedazo trabucos o, en muchos casos, auténticos barrenos. No entiendo qué tiene de bonito, de festivo y tampoco entiendo que no se tenga en cuenta todo el daño que hacen, tanto a los animales con su sentido tan agudizado del oído (tantos que han muerto o desaparecido por este motivo tan banal y dañino), como a las personas. Si se hace una estadística, estoy segura de que a la gran mayoría de la gente le desagrada este acto, diría, vandálico. Pero a ellos… es un auténtico desastre el daño que hacen. Nosotros hemos pasado momentos de verdadero terror, verle a él en el estado que entraba… Un día tuvimos que soltarle porque pensábamos que se ahogaba tratando de huir del lugar por donde pasábamos y donde no hacían más que tirar los bombazos tan sonoros que temblaba el suelo…, le soltamos y salió huyendo, cruzando calles a riesgo de ser atropellado por algún coche y lo que esto conlleva, ya no tanto por él. Gracias a Dios, no ocurrió ninguna desgracia, pero a mí en particular me han amargado muchas Navidades por este motivo, por no poder pasear tranquila, siempre con miedo a que ocurriera una desgracia…

No lo veo, ni siquiera, sano para la salud. Todo un atentado y agresión tanto física como psicológica. ¡Menos mal que están prohibidos!

Vivir de forma sencilla

Le observaba, fuera invierno, verano, tarde, noche, mañana… El caso es que ¡siempre estaba listo! y sin esfuerzo ninguno o sin hacer nada. Nosotros, al levantarnos, todo el ritual de ir al baño, desayunar, etc., y salir a pasear. Él no, al minuto de levantarse ¡ya estaba en la puerta!

¡No necesitaba lavarse!, su naturaleza hacía que tuviera un pelaje además de limpísimo, bien brillante, además de que ellos se hacen sus autolimpiezas. Muchas veces nos decían «qué limpio lo lleva» y nosotros sonreíamos extrañados.

Si era verano, es más fácil vestirse pero en invierno… las botas de agua, chubasquero, abrigo, y él en la puerta esperando porque su organismo ya le procuró un buen abrigo.

Lo que más me impresionó fue cuando nevó la primera vez y cuajó una buena capa, a los pocos pasos ya patiné (gracias que la nieve estaba bien mullida) e inmediatamente miré a ver cómo iba él y... me asombró cómo la forma de sus patas con las uñas hacía que caminara firme sin tambalearse ni un poquito.

Su organismo se iba adaptando a los tiempos y climas: en verano iba más fresquito, con menos pelo; y en invierno, más abrigado.

Sus preocupaciones, mucho más sencillas: comer, pasear, dormir y estar con nosotros, claro.

Todo esto me hizo reflexionar mucho en todo lo que «necesitamos» al día y, aun así, no estamos contentos, o ¿será por eso?

¡Qué vida más sencilla para ser feliz! Todo lo que necesitaba, lo llevaba en él y lo que no, lo tenía a su alrededor: no tenía más que usarlo.

Un gran carisma

Quizá sea por lo que cuento más adelante, lo cierto es que tenía un gran magnetismo, por regla general atraía a todos (excepto a los que odian a los perros por distintos motivos, claro está). Bien por su naturaleza, pues hay mucha gente sensible con estos maravillosos seres; bien por su belleza, que llamaba la atención: a poco que pasáramos entre la gente, enseguida le decía: «¡qué perro más guapo!», y a él le sentaba de maravilla, claro (a nosotros también. Yo, para añadirme el tanto, alguna vez comentaba: «¡sí, sí, se parece a nosotros completamente!», o «¡se notan nuestros genes!» y hacíamos unas risas), incluso a veces le hacían fotos. También podía ser por su don de gentes: ¡era un excelente zalamero! En este sentido, y en el de relaciones publicas, no se parecía para nada a nosotros (sonrisa), saludaba a todo el mundo que se le cruzaba, incluso, yéndose bien lejos, si era necesario. ¡Necesitaba a la gente! Siempre pensé que se sentía más persona que perro (realmente, a veces, parecía un auténtico personaje): si había personas y perros, saludaba antes a las personas… a excepción de que hubiera alguna perrita, entonces se iba disparado a cortejarla, pero no era invasivo, ¡tenía un método muy eficaz!: se quedaba a una cierta distancia y, entonces, se hacía el interesante, ¡para que fueran a él! Luego, las perritas se confiaban e interesaban y ¡eran ellas las que se acercaban y ya empezaban a jugar! De esta forma, muchos dueños nos decían: «Qué raro, si suele tener miedo, pero con él no…». ¡Menudo dandi que era!

Pero quienes realmente le gustaban ¡eran las chicas! De verdad, no había para él mayor placer que una chica le acariciara y le dijera cosas bonitas, ¡se le desbordaban las emociones! Y digo «chicas» porque si eran mujeres mayores, ya no le hacían tanta gracia. Incluso, alguna vez me pareció que si alguna de ellas iba acompañada por un chico, ¡quería competir con él! Yo le avisaba: ¡«ten cuidado que te la quita», y nos reíamos todos!

Como dice una gran amiga, nuestra querida Fermina, «no tienes más remedio que reírte con él».

Proyectaba su magnetismo hacia todos, principalmente hacia los seres más débiles. Le gustaban más los perritos pequeños, y mejor si eran perritas, con las que tenía una suma delicadeza. A pesar de ello, en muchas ocasiones, los dueños salían aterrorizados o soltaban el consabido: «¡Vámonos, que éste te come de un bocado!». El pobre se quedaba mirando sin entender nada.

Para dar un ejemplo de sus dotes persuasivas, como muestra… dos botones: venía por la tienda una mujer, Ana (aunque terminamos llamándole «la tía prefería»), la cual decía que Japy le había quitado una depresión importante. Se encariñó mucho con él, tanto que un día nos pidió que la dejáramos llevarlo al parque. Al principio temimos porque él, cuando se trataba de este asunto, se emocionaba mucho e iba todo el trayecto tirando de la correa, y Ana tenía una cierta edad y pensamos que podía vencerla. Pero al final, accedimos, dado el interés de los dos.

La gracia es que, antes de irse, hizo ademán de salir corriendo y, a la vez, se detuvo en seco, como pensando y, de repente, se dio media vuelta y se fue hacia Jesús como para pedirle «autorización» o la bendición para irse en paz… Jesús, que así lo entendió, le dijo que podía irse con su permiso y, automáticamente, salió corriendo hacia la calle.

Esta actitud la tuvo todos los días que se fue con Ana… ¡Cómo respetan las normas más elementales!

La sorpresa fue que, al volver, Ana nos aseguró que fue todo el camino de paseo, ¡sin tirar nada de la correa!

Otro día, entre risas, nos contó que parecía un galán y nos contó lo que ocurría: cuando llegaban al parque, ella se sentaba en una especie de asiento de piedra y le preguntaba si quería ir a jugar, y entonces él la miraba y se subía a su lado, sentándose y dejándose recaer un poco sobre ella, como dominando la situación, a modo de defensa. Claro, en esta pose, él se quedaba por encima de ella. Ana nos lo contaba entre risas aludiendo a que parecía un novio posesivo, galante.

Lo más gracioso es que, un día que fuimos a ver a mis padres, mi madre le llevó a dar un paseo y a la vuelta ¡nos contó exactamente lo mismo!, la misma anécdota con todos los detalles. Con ella tenía un trato especial, había una gran química (o mística) entre ellos dos.

Le emocionaba, en gran manera, que la gente le mirara o le admirara. Hubo un día en que se juntaron la admiración de la gente con su gran placer que era zambullirse en el agua, de hecho, le llamábamos «el perro acuático» pues, para él, era una gran necesidad encontrar el mínimo charco y meterse en él de cabeza… Y ¡vaya que si lo encontraba!, hasta en el lugar más desértico. Con razón quiso llamarse «Japy» que significa «Dios del **Nilo**» (el río más caudaloso del planeta).

El caso es que un día paseábamos por El Retiro y, como siempre, a la menor oportunidad, le dejábamos suelto, pues queríamos respetar su libertad, por un lugar en que cruzamos un puente donde transcurría un pequeño cauce a modo de río y, como sabíamos a donde iba a ir de cabeza, le soltamos. Y, ¡efectivamente, allá fue!, pero lo que ocurrió fue como mágico, divino…, él se lanzó al agua de inmediato, pero como le gustó la situación o por lo que fuera, el caso es que corría…, diría más: galopaba sobre el agua, hacia un lado…, daba la vuelta, hacia el otro… Así un gran rato. Era la gloria verle como disfrutaba… y debía ser muy patente porque empezó a acercarse, primero una persona, luego dos..., hasta que, cuando nos dimos cuenta había un buen grupo de personas mirando con una gran admiración… La verdad es que fue un espectáculo… y él, que era consciente, pues ¡más se enriquecía con el momento y con el agua!

Creo que nadie queríamos que se terminara ese momento mágico. Son esos momentos que nos regala la vida y nos llenan de la más pura energía.

... le llamábamos «el perro acuático» pues, para él, era una gran necesidad encontrar el mínimo charco y meterse en él...

TELEPATÍA

or el título del libro, parece que Japy y yo charlábamos, lo cual es como imposible desde un punto de vista «físico». Ellos, claro está, no hablan… como nosotros, pero es que ¡no lo necesitan!

Cualquiera que haya convivido con un perro ¡siempre dirá lo mismo! ¡«no hablan pero se les entiende todo!».

Es más, observaba que, según lo que pensara, así él reaccionaba. Por ejemplo, un día que estaba dormido en la terraza, Jesús, por otro lado, estaba preparando una ensalada y, en el momento exacto en que abrió la nevera para coger la lechuga… ¡allí se presentó él! Le chiflaba la lechuga y, desde luego, no se explica que lo escuchara porque no había sonido posible, ni tampoco que lo oliera (como alegan muchos) porque fue instantáneo. Además, la cocina estaba en la parte opuesta a la terraza.

Otro día, con el queso hice una prueba parecida y ¡la misma reacción!

En una ocasión en que se llevó un buen susto al entrar en el parque debido a los dichosos petardos/bombazos/trabucazos, no quería entrar ni a empujones. Entonces empecé a pensar con mucha fuerza en que, en el parque, estaba una perrita que le encantaba (decíamos que era su novia, Tinga, una preciosa chau chau), la tuve en la imaginación muy vívida y, al poco, cambió su actitud y entró, con cautela, pero como buscándola. La gracia es que, a los pocos días de repetir esta idea, ¡nos la encontramos realmente!

De cualquier forma, sí que hemos tenido conversaciones, seguramente menos, al no estar tan receptiva… Un día fue impresionante: estaba en la tienda y, de repente, me embarqué en el recuerdo de un día en que me atracaron, lo viví con gran intensidad y, al poco rato, ¡empezó a aullar lastimosamente y con mucha fuerza! Pareciera que me quería defender de algún peligro…

Estas son pequeñas pinceladas de toda una vida de comunicación interna. Se establecen unos lazos intuitivos tremendos. El tan comentado hecho de que espera a la persona que va a llegar, sin que tenga la hora prevista ¡es digno de observar! O avisar de que ya no tiene agua para beber, con una intensa mirada… por ejemplo.

Hubo una ocasión en que no nos dejó lugar ni a media duda: una tarde en que, sin motivo aparente, comenzó a aullar como despavorido y no supimos qué le pasaba… hasta que nos llamaron porque a Santi, nuestro querido ahijado y sobrino, le ingresaron de urgencias debido a un ataque repentino.

Cuando pasó un rato largo y meditando en los dos acontecimientos, relacionando en que ellos dos se querían mucho (había algo especial entre ellos), preguntamos a qué hora le había dado el ataque a Santi y ¡fue en el mismo momento en que él aulló…!

Nunca, en la vida, había mostrado este tipo de aullido.

Sacrificio

*E*llos viven básicamente para alimentarse, jugar… y estar pendientes en complacer a su dueño.

Siempre me sorprendió su capacidad de sacrificio. Normalmente, íbamos juntos a todos los sitios, pero cuando, en alguna ocasión, no se podía y le dejábamos en casa, ¡no probaba bocado!, solo comía cuando, al llegar, nos hacía una gran fiesta de recibimiento y luego se iba flechado a comer. Podía pasar un día entero sin comer (nunca pasó más tiempo solo).

También ocurría si faltaba alguno de los dos. El nos entendía como un grupo que formaba una unidad y cuando faltábamos uno, tampoco comía, aunque le tentáramos con golosinas. Si alguna vez cedía, la tristeza de la separación era superior a sus fuerzas.

O, como ya conté anteriormente, tienen la capacidad de «absorber» las enfermedades o alteraciones de los dueños. Curiosamente él tenía unos síntomas digestivos similares a los de Jesús, o reumáticos… como los míos, a veces, claramente en el mismo sitio.

Recuerdo que, en una ocasión, me atacó un fuerte dolor en las lumbares y, para mi sorpresa, al poco él se quejaba ¡de la misma zona!

CON ÉL, LA SUERTE NOS ACOMPAÑA

*E*s verdad que es complicado relacionarse o viajar con un perro grande, aun así, siempre apostamos por ir con Japy, es más, con él por delante.

Incluso llegué a pensar que esto nos traía suerte, aunque al principio nos costara.

Si preguntábamos en algún hotel, en la mayoría, si aceptaban perros, solo eran los pequeños. Por lo tanto, ya me espabilaba en buscar lugares o situaciones donde él pudiera estar tranquilo y ser bien aceptado.

En una ocasión en que pensábamos hacer un pequeño viaje a Galicia, ya había buscado un hotel/hostal donde pasar algún día y también había confirmado que admitían perros de su tamaño. Pero la previsión del lugar donde íbamos a estar anteriormente más fijos, falló y, a unas horas intempestivas llamé a aquel hotel para ver si nos podían recibir. La persona que me atendió, muy amable, me dijo que fuéramos cuando quisiéramos que seríamos muy bien recibidos.

Así fue, allá que fuimos, a Neaño, una aldea en la ría entre Corrme y Laxe en la costa Da Morte. Era un hotel de dos estrellas llamado Monte Blanco, pero… ya quisieran hoteles de 4 estrellas tener las características de aquél.

Precisamente, gracias a Japy, nos dieron una habitación especial, ¡con una gran terraza para él!

Pues allí pasamos diez maravillosos días, sorprendidos por el paisaje, el trato cordial y familiar de los dueños del hotel y de la gente, en general de la zona. Eso sí, quien más disfrutó, en concreto de las playas, fue él: se zambullía en el agua que era una gozada verle (nosotros no nos bañábamos tanto pues estaba algo fría y también hizo un tiempo regularcillo). Llegué a pensar si no se concentró para que fuéramos a parar allí (sonrisa).

En otra ocasión también preguntamos en muchos sitios, en pleno agosto ¡en Benidorm! y cuando ya estábamos desanimados (el mayor problema era el…) pregunté, por último, en un tal hotel Esmeralda… y nos aceptaban a todos, por 30 euros al día. Un hotelito en primera línea de playa y, por ir con él, nos dieron una habitación con terraza, ¡con vistas al mar!, ¡en pleno agosto, y después de todo el esfuerzo!

Yo le tenía por amuleto y observaba dónde le querían y dónde no. Esto me guiaba para saber por dónde tenía que ir o con quién relacionarme, y así resultaba.

Incluso nos ayudó a buscar casa. Fuimos a visitar una, solo por cotilleo y, sorprendentemente la mujer nos dijo que lleváramos al perro, que sí, que le gustaban… y todo se terció… ¡Ese fue nuestro nuevo hogar!

Un día de campo

LA BONDAD ENCARNADA

Por el anterior título, se puede deducir este. No hay como mirarles a los ojos para llenar el alma de una gran paz, nobleza… Para él siempre fue de vital importancia hacerse amigo de todo ser vivo y, para ello, se las ingeniaba como fuera.

Si había alguna perrita con la que quería jugar pero ella parecía asustada, la rondaba guardando las distancias y cuando ella empezaba a confiar porque veía que no le atacaba ¡él se alejaba haciéndose el interesante! y así la terminaba de convencer.

Se iba lejos, a donde fuera, a saludar a todos y mostrar sus bondades con unos ojillos insalvables. Y por este motivo, siempre temí que le pegaran alguna vez o que molestara, pero curiosamente o porque tuvo mucha suerte, nunca le pasó. ¡Es como si supiera a quién dirigirse!, ¡sabía donde le iban a recibir de la mejor forma!

Aunque algunas veces se iba a acercar a alguien y no le hacían caso o, incluso se asustaban, respondiendo con un ademán muy acentuado. Entonces él se quedaba mirando como no entendiendo nada de lo que ocurría y con una cara de pena por no conseguir su anhelo.

A veces, parecía que, realmente, lo pasaba mal con el rechazo de los demás.

Con las personas a las que les dan miedo los perros era un maestro. La ocasión más destacada fue con una clienta que no podía verle de ninguna manera, ni de lejos. De forma que, cuando entraba en la tienda, solo asomarse por la puerta, él también se asomaba para ver quién era, pero ella gritaba despavorida: «¡Por favor, guardar al perro!, que si no, no entro!». Y así lo hacíamos, claro, un día, otro día… y al tercero, en lo que ella se asomó para gritar, él se levantó tan digno y se fue. La cliente se quedó pasmada, no daba crédito; entró y preguntó: «¿Se ha ido por mí?». Y le dijimos que, claro, a ver por qué si no, que él también tiene su corazoncito, etc. El caso es que, entre un tira y afloja, ¡se hicieron grandes amigos! Al otro día, quiso acercarse, ponerse enfrente de él, con muchos sudores, por cierto, él le dio la pata y... ¡ese fue el comienzo de una gran amistad! Después de eso, fueron grandes y entrañables amigos.

Esto mismo sucedió con más gente. Yo pensaba que era un experto psicólogo, pues se las ingeniaba para «convertir» a la gente que le daban pánico los perros, con una gran sutileza y un «ahora me acerco, ahora me alejo y te demuestro que soy inofensivo, incluso que me importas…».

Solo amor y su hermana, la alegría

Y... del anterior título, se puede deducir este: pienso que fue su clave, su modo de vida y su gran enseñanza.

Dicen que los perros vienen a enseñarnos el amor incondicional y con él, desde luego, ¡así fue!

Siempre me sorprendió que, actuáramos con él de la manera que fuera, aunque en un momento dado nos sacara de nuestras casillas o tuviéramos un mal momento y le gritáramos o no le tratáramos amablemente, él venía siempre con los ojos limpios de cualquier sentimiento negativo, con un gran amor y alegría, siempre. Tuviéramos razón o no, trataba como de convencernos de que el mejor disolvente antinegatividad era el Amor. Inevitablemente, venía a querernos y hacerse querer, hacía que le respondiéramos igual, con todo el amor.

Le observé durante toda su vida y, siempre, siempre, fuera el ambiente o las circunstancias como fueran, él estaba contento, alegre y se empeñaba hasta que nos veía igual.

Muchas veces le decían: «No, esta perrita no, que ya es vieja o muy pequeña para ti»; O… alguna que otra excusa; pero él quería igual a cualquier ser vivo, daba lo mismo, fueran como fuesen, incluso, me pareció percibir que si eran más débiles, desfavorecidos, más interés tenía en acercarse y jugar con sumo cuidado o mostrar sus mejores sentimientos, hacerse querer…

Lo pienso y así lo siento, ahora y siempre: un gran amor… todo Amor.

En general, es como si estuviera conectado a una esencia, a unas cualidades muy puras, elevadas, más allá de toda forma, tiempo y lugar.

Vivir el aquí-ahora

*E*sta es una vivencia cierta que los yoguis y maestros de todos los tiempos nos recuerdan y, sin embargo, la mayoría de los humanos se la saltan entre vivir en el pasado o esperar al futuro… Y, en cambio, ellos, los peludos de cuatro patas, están completamente integrados en el aquí-ahora, viviendo el momento a tope, en plena creatividad y conexión con el infinito.

Esto me sorprendía siempre: me miraba y algo me hacía «clic» en el interior, era como un ¡zas, conectando con la realidad! Este ser menudo es lo que mejor me ha rescatado del pasado, de mis adentros… situándome en el punto exacto del aquí-ahora.

Quizá, para mí, una de las experiencias más importantes que me ha proporcionado y lo sigue haciendo es que cuando estoy más descentrada, recuerdo su mirada fijamente y lo veo como una hermosa laguna calmada y quieta en medio de tanto torbellino, recordándome que solo en el AHORA es donde puedo ser realmente yo: decidir, traer la experiencia del pasado para empezar a crear un mejor futuro; aquí-ahora puedo ser plenamente yo; ahora con el concepto más ampliado: conectando con su interdimensionalidad, ¡con la auténtica Realidad!

Otro rasgo que da vivir en total presencia es el enraizamiento, es decir, con los pies bien arraigados en el suelo. Esto él (y creo que todos los animales) lo hacía evidente en el momento en que tratábamos de que se moviera o si queríamos desplazarle, ¡no había manera!; y eso que, se suponía, no pesaba más de 40 kilos.

Es algo que en Occidente se nos escapa. Deberíamos vivir como el árbol: aunque sí vivimos excesivamente «en las ramas», tendríamos que estar equilibrados, con raíces profundas que no nos arranque del suelo la menor tormenta de aire.

La naturaleza y él eran «uno»

Algo que Japy me ha enseñado, para siempre, es la importancia que tiene vivir en la naturaleza y no me refiero a tener una casa en mitad del campo, ni aun así vale.

Significa andar, pasear, disfrutar, meditar, contemplar a la madre natura, dejarse impregnar por sus colores, perfumes, esencias, brisa: recuperar el ser de arriba abajo. Es la mejor solución para los problemas o alteraciones mentales, nerviosas, en concreto, y cualquier problema físico o emocional en general.

Y sin llegar a estos extremos, a Japy le faltaba tiempo para querer salir, a todas horas (me quedé con las ganas de tenerle por tiempo indefinido a ver si se cansaba, aunque tengo la gran certeza de que no iba a ser así).

Desde pequeñito, salíamos a pasear al parque por la mañana, al mediodía y por la noche, y los fines de semana aprovechábamos para ir al campo. Con él, disfrutamos de lugares y momentos maravillosos que no los habríamos conocido de estar solos. Él nos impulsaba a salir, pasear, caminar y disfrutar de paisajes verdes, ocres, nevados, empapados de agua. ¡No importaba la época ni el tiempo atmosférico!, parecía una obligación, pero era todo un placer.

Lo que nosotros entendemos por «inclemencias atmosféricas», ellos no lo ven así, sino que disfrutan del momento, sea cual sea.

La gente nos decía: «¿Qué, a pasear al perro?» y siempre les respondía con una sonrisa pícara: «No, no, ¡es él el que nos pasea a nosotros!». Y así era.

De forma que tratábamos de pasar más tiempo en el campo, bien llevando unos bocadillos para comer, bien visitando lugares nuevos…

Es una experiencia completamente enriquecedora lo que proporciona la naturaleza. Entre otras cosas, ¡todo un ejemplo de prosperidad!

Al principio, cuando empezamos a pasear con él, me sorprendió algo curioso. Si iba sola, veía a personas, coches, calles y, en cambio, yendo con él, adquiría una perspectiva del entorno completamente distinta. Él veía una paloma y se iba detrás de ella, pasaban otros perros y se saludaban, lo que daba lugar a fijarme en su comportamiento, raza, en los cuales antes no reparaba.

De repente, podía ver una fauna en la ciudad que antes me pasaba desapercibida. ¡No digamos nada en el campo!: veíamos caballos, vacas, ovejas… Ladraba a todos desde una cierta distancia, pues no se atrevía a acercarse.

Paseando por las calles, no había gato que se le escapara para salir corriendo tras él.

Algo que le entusiasmaba era robarles la comida que la gente caritativa les dejaba en algún platillo, de modo que llegué a pensar en que, aunque no le proporcionáramos comida, él sabría muy bien dónde encontrarla.

Ignorando el cartel o guardando el parque...

MENSAJES DE JAPY

El viernes 3 de agosto andaba raro (se le cruzaban las patas traseras). Al salir a pasear a mediodía… como que no quiso hacerlo, y por la noche se tumbó y ya no se levantó. Pasó una noche un poco revuelto.

Por la mañana llamé a mi amiga Lola para que me aconsejara, en general, y sobre qué flor o preparado floral podría darle, y me dijo que le diera *impatiens* cada 5 minutos para calmarle los dolores.

A media mañana empezó a jadear cada vez más fuerte, incluso llegó a aullar, algún dolor fuerte le estaba atacando. Entonces, gracias a que tenía el remedio rescate cerca, le fui aplicando varias veces y, conforme se lo daba, se fue calmando… Pero, a continuación se le quedó un tic en el entrecejo que le influía en los ojos: toda esa zona se movía mecánica y constantemente pero no parecía dolerle, sino, más bien, se quedó calmado o, podría ser agotado. En realidad, yo pensé que estaba medio en coma o agonizando…

Volví a llamar a Lola para comentarle lo sucedido y, además de calmarme, me aconsejó otras flores, entre ellas *hornbeam* para darle fuerzas; y para mí, *red chestnut*, para que no me agobiara tanto. Y añadió que me centrara, me relajara, porque él estaba viviendo un momento determinado y así lo vivía de forma natural, pero yo no; y que meditara «sobre este momento tan especial».

Efectivamente, yo pensaba en mil cosas, pero no en lo esencial de ese momento, ahora lo veo claro. Entonces hice caso a Lola y me senté un rato para relajarme y meditar, cerré los ojos... y sin más preámbulo apareció ante mí su cara rodeada de luz y rayos de colores… Empezó a hablarme... pero no quise saber lo que me decía (me negué en redondo); por lo tanto, recuerdo vagamente que se estaba despidiendo. Venía a decir que había sido muy feliz con nosotros y que seguiría a nuestro lado desde los mundos a los que pertenecía... Algo así. Lástima no haber estado atenta porque fue un mensaje precioso, pero el momento, a pesar de lo obvio y de estar avisada, me pilló completamente de sorpresa, aunque, para ser sincera, no lo quería aceptar de ninguna manera.

En definitiva, me quedé k. o. Mil veces pensé en este momento incluso desde que él era pequeño, pero siempre situándome en que *se iría* o que no estaría, pero no lo personalicé, lo «pensé» solamente, como un acto reflejo mental, no lo viví en mí, como si en algún rincón no aceptara este momento.

... apareció ante mí su cara rodeada de luz y rayos de colores...

Ese día, circunstancialmente (o como excusa porque su visita fue completamente providencial) venían a comer Carlos y Mari Jose que, en cuanto vieron la situación, se organizaron como un perfecto equipo: él se encargó de hacer la comida (que ya la traían medio hecha) y ella se volcó en Japy, animándole, dándole agua, luego melón (que le chiflaba), ante lo cual yo continuaba en estado de *shock*, asistiendo estupefacta a tal despliegue de actividad y sin poder participar más que observándolo todo. Es decir, lo que hubiera hecho en otro momento, ahora no era capaz dehacerlo. Creo que ya daba todo por perdido.

En cambio… cuando Japy se dio cuenta de quién había venido, y estando semiinconsciente, empezó a ladrar con todas sus fuerzas (las poquitas que tenía) a modo de saludo y alegría por verles (como no podía ser menos en él), lo cual nos dio una inmensa alegría a todos y una gran sorpresa.

Mari Jose, con empeñó y todo el amor, le dio de beber y luego de comer, a lo cual accedió gustoso, aunque poco a poco. Y con tan grata compañía, a lo largo del día se fue reanimando, incluso podría parecer alegre…, lo cual también me animó bastante.

Los días siguientes pareciera como si se hubieran movilizado, a través de unos hilos invisibles, todos los amigos, con sus llamadas, visitas, con su calor, compañía… y con ellos una propuesta muy clara: la eutanasia, creo que casi todos hablaron sobre la «conveniencia de sacrificarle».

Un buen día, y pensando en que, posiblemente, actuara más por mi cuenta o beneficio, le pregunté si quería la inyección…, y creo que le vi hasta en la cara un sentimiento de espanto y total rechazo: «¡NO, DE NINGUNA DE LAS MANERAS!», como aterrorizado de que yo pudiera hacer algo en contra de su voluntad…, con lo cual, ya no volví a replantearme nada más sobre el asunto.

En una consecución de pensamientos, llegué a la conclusión de que la gente plantea el sacrificio de una forma sistemática, sin más argumentos. En ese momento, pensaba en la frase «para evitar que sufra»…, pero yo no le veía sufrir, el pobrecito se quedó postrado y cuando levantaba la cabeza se le quedaba ladeada, pero le miraba a esos ojos tan expresivos y había paz, vida, no había sufrimiento y si hubiera alguno, me planteé que ¿por qué evitarlo, si la vida proponía tener esa vivencia?

Para no alargarme más, transcribo el artículo que escribí sobre esto:

<u>Estado terminal</u>

Hoy te voy a contar la historia de mi amado perro Japy (este es su verdadero nombre, aunque todos creen que es «Happy» (del inglés «feliz») y seguro que es más apropiado: es verdad que ha sido y ha hecho feliz a quien ha estado a su lado), un magnífico pastor alsaciano (como el alemán pero todo rubio) cruce con collie.

Se cruzó en mi camino con 15 días hace casi 15 años y, desde entonces, ha sido una constante en experiencias inesperadas y maravillosas. Pensaba que yo cuidaría de él, pero… ha sido él, con su intuitiva sabiduría y silencio, el protector y guía que, principalmente, me ha hecho vivir en el mágico aquí-ahora, me ha enseñado a escuchar la voz del silencio, la sencillez de la vida y de los sentimientos más puros, a que funcione el reloj biológico que todos tenemos en desuso y ¡tantas cosas más!

inimaginables para alguien que no ha tenido la vivencia de esta compañía.

Como la vida de estos compañeros-hijos-amigos es tan corta, normalmente, he tenido muy presente el momento de su partida, aunque ahora me he dado cuenta de que ha sido solo de una forma mental porque, hace unos días, y aunque todavía se valía por sí mismo (y menuda dignidad que tiene), parece ser que le ha dado un pequeño ictus que le ha dejado postrado… Y a mí, completamente desarmada, apenas estoy reaccionando en estos últimos días, pues vi de una forma evidente y palpable la posibilidad de que «ya no estuviera»…

Para ellos, es un proceso natural de la vida y solo les afecta… nuestra reacción que suelen no entender y es lo que les asusta.

Según han pasado los días, ha ido mejorando su estado físico, pero no el emocional, el cual se veía claramente que estaba entrando en una buena depresión, por lo que le hice un nuevo preparado con *GENTIAN*, *MUSTARD* y *GORSE* para levantar el ánimo y generar esperanza y *ASPEN* para los miedos a lo invisible, al nuevo mundo… Entre unas cosas y otras, ha mejorado bastante, aunque su energía vital continua decayendo (es como si me dijeran que ya no puedo hacer nada más sino vivir el momento y dejarle ir…).

Este *impasse* de espera nos ha valido para adaptarnos, tanto él como yo; a mí me está enseñando la lección más importante: que la muerte significa el nacimiento a otra vida, que lo que veo ahora físicamente se convertirá en un espíritu intemporal… (de hecho ya le siento así, aunque esté lejos de su cuerpo, se hace notar, ¡y tanto!), que la vida es muy corta y lo que no se aprovecha mientras ocurre, luego ya no se puede atrapar.

Como a los seres humanos, a ellos también les ocurre que, algún tiempo antes de morir, su espíritu ya está saliendo del cuerpo en muchas ocasiones, por lo que se pueden mostrar más «como de aquí», más egoicos, huraños, malhumorados, quisquillosos... lejanos; hemos de tener esto en cuenta, pues «no son ellos realmente», sino una pequeña proyección residual de sí mismos, el pequeño ego que se resiste a morir, porque sí son los egos los que van a desaparecer. Esto explica por qué decimos «hay que ver cómo ha cambiado, ¡si no parece él mismo!», cuando está en ese umbral sea de forma consciente o inconsciente (nadie se muere «de repente»).

Por otro lado, creo que casi todos, inmediatamente, me hablaron de la eutanasia, como el que se pone una tirita… Llegado un momento, podría ser, pero en estos días, no lo he visto. Está demasiado vivo como para llegar a ese punto, además de que ha mejorado. Hay algo muy importante que se pasa por alto con este tema y es el desconocimiento de lo que «ocurre después», se piensa que se pone una inyección y ¡ya está! Pero la vida continua y para el suicida o el animalito que se sacrifica, algunas veces sin justificación, su espíritu pasa a un estado *intermedio* que no es ni el físico ni a donde debería ir, un lugar que está aquí pero sin cuerpo físico… Con lo cual, ni le vemos, ni se puede comunicar, ni tocarnos… Y como el cuerpo físico amortigua las emociones, al no tenerlo, ¡se multiplican estas, los dolores, deseos, ansiedades, angustias…! Y no se puede aplicar ninguna solución. Así hasta que llega la hora en que sí le corresponde partir y es, solo, entonces cuando se libera de esa situación. Esto lo dicen los más acreditados maestros, investigadores de los mundos invisibles, así como la experiencia de una persona muy especial que le ha ocurrido lo mismo con su gato, muerto por una enorme paliza injustificada. Y para muestra, un botón: el famoso caso de Ramón Sampedro que «visitó», supuestamente, a su amiga en el programa de la médium Anne Germain, encaja perfectamente lo que dijo con lo que acabo de exponer…

Ni mucho menos trato de ser moralista, sino de aportar mis experiencias y conocimiento. Avisar de que no todo es lo que parece o lo que nos quieren hacer creer. Es como los microondas, que se han colado en todas las casas, o el rayo láser…, pero nadie nos ha dicho cuáles son las contraindicaciones… ¿Estaremos sirviendo de conejillos de indias o a causas mucho más negras? (como las hipotecas *subprime* que nos tiene a todos doblegados).

En definitiva, un estado terminal es un momento único, especial e irrepetible, la antesala del infinito, de la vida misma… Si vencemos los miedos y bloqueos nos encontraremos con una verdadera explosión de VIDA.

Y la lección que más me ha impresionado: que el sufrimiento es... purificación (el sufrimiento como experiencia, no el autoimpuesto, este, además de no estar justificado, está generando más karma, para ello conviene tomar *CENTAURY*, *PINE*, *ROCK WATER*).

Entonces, me armé de valor para afrontar la situación, pues ni la esperaba, ni se me había pasado por la imaginación algo así. Siguiendo sus deseos y mi intuición, decidí que íbamos a vivir esa experiencia con la mayor aceptación y dignidad de la que fuéramos capaces.

Y así, transcurrieron los días, él fue mejorando… Al segundo día ya comía casi normal, se iba incorporando poco a poco, haciendo un esfuerzo admirable. Pasando unos días, sí entró en una buena depresión, pues siempre ha sido muy inquieto, nervioso, y verse así, sin poder moverse… Pero las maravillosas flores vinieron en nuestro auxilio con inmejorable presteza: le preparé un remedio floral que le hizo un efecto inmediato. Entre ellas y las visitas que le alegraban mucho, en concreto las visitas de Mamen le motivaba también a ladrarle. Era impresionante verle con tan poquita fuerza y, en cambio, ladraba desde lo más profundo de su abdomen…

Pensé que había aprendido todo de él a lo largo de su vida, pero en esta etapa, creo que fue cuando más aprendí, las lecciones más profundas, llamativas, indelebles.

Hay algo que nos llamó la atención: tanto la perrita de Carlos y Mari Jose, Xana, como el perrito de Mamen, Duque, le rodeaban como queriendo saludarle, pero no se acercaban, le guardaban una distancia de unos dos metros No sé si sería a modo de respeto o impresión…, o podría ser que su espíritu ya no estaba… Es curioso cómo se tratan entre ellos y cómo reaccionan todos igual ante determinadas circunstancias.

Pasando los días, se fue recuperando paulatinamente, llegando a incorporarse con sus patas delanteras y hacía esfuerzos por levantarse total y continuamente. En alguna ocasión y sujetándole las caderas se mantuvo en pie por algunos segundos, incluso avanzando algún paso. Es decir, fue mejorando a ojos vistas, por un lado y, en cambio, por otro se veía que su energía vital iba decayendo: a pesar de lo muy bien que comía, bebía y hacía todas sus necesidades fisiológicas a la perfección, fue adelgazando hasta quedarse en los huesecillos…

En estos días, no le dejamos solo ni un momento con lo cual, casi no salí a la calle salvo contadas excepciones casi imprescindibles. En alguna de ellas, como me había pasado alguna vez anterior, sentí totalmente como si viniera conmigo en el coche.

Esto es real pues ellos no están tan inmersos en la materia, viven en un mundo un poco más «onírico» como de «entresueños» lo cual les permite «moverse» a donde les llevan sus sentimientos. Alguna amiga me comentó que le había «sentido» como si realmente estuviera en su casa. En otra ocasión en que estaba yo sola en la tienda, desde el fondo oí perfectamente su ladrido, lo que era físicamente imposible, pues el fondo de la tienda estaba completamente aislado del mundo exterior.

Como decía, según pasaban los días, por un lado iba mejorando hasta que, incluso un día ya se incorporaba sobre sus patas delanteras perfectamente, con la cabeza erguida y casi sin ladearse. Estuvo «cenando» con nosotros tan vital como en sus mejores tiempos… pero la noche la pasó muy revuelto. Nunca supe por qué motivo eran las noches las que pasaba, de vez en cuando, mal; si tenía que ver el cambio de tiempo, que lo acusaba bastante, o no sé si tendrá que ver lo miedoso que era; y en la noche, ya sabemos que todos los gatos son pardos… lo cierto es que esa noche no paraba quieto, a pesar de todo lo que le daba. Por un momento me pareció que nos invadían las sombras, algún mal efluvio.

La explicación vino por la mañana que, como era habitual, se calmaba con las primeras luces pero esta vez… conforme pasaba la mañana ya no se movía como era habitual, además de observar que ya no orinaba: un signo claro de que los riñones ya no funcionaban. Esto significa que no duraría más de dos-tres días, una señal inequívoca de que había entrado en agonía…

Tuve que documentarme en Internet, pues nunca había cuidado a nadie en ese estado. Básicamente, la agonía es un proceso en el umbral de la muerte en que el cuerpo comienza a dejar de realizar sus funciones, incluso puede parecer que duele, pero no es real, ya que «la persona» está obnubilada o «en otras dimensiones, ya». Yo intuyo que depende de la facilidad o la dificultad que tenga la persona-el ser en desprenderse de su cuerpo.

Japy, claramente, no se quería ir, se negaba de una forma, casi diría, alarmante. Fermina nos repitió muchas veces que «venían» a buscarle, pero él no se quería ir…, por más que le hablamos o tratamos de convencerle, no parecía que le surtiera efecto.

Ese día, ya casi no quería comer, aunque sí bebía, bebía con una enorme ansiedad…, pero no eliminaba nada. Dicen que los animales son sabios y cuando saben que van a morir, se aíslan y dejan de comer y beber, pero él no… bebía realmente con ansia, pareciera que se quería aferrar a este mundo.

Por la mañana vino Carlos y le saludó, le acarició la cabeza…, pero no le reconoció, no respondía.

Por la tarde ocurrió algo gracioso: Jesús le preparó un buen plato de jamón york y ¡lo devoró con verdadera ansia! Fue lo único que comió en todo el día. Yo pensé: «Parece mentira, en plena agonía, con casi las funciones paradas y ¡hay que ver con qué ganas se ha comido todo» ☺. Estos detalles me llevaban a pensar en que, por un lado, él sabía que se iba y así iba menguando, pero, por otro…, se aferraba, casi diría que, con desesperación.

Por la noche también se removía, pero menos. Yo preparé un escenario anti-sombras: puse la vela habitual de esas que llaman calientaplatos, los discos también habituales de cantos gregorianos, bueno, realmente eran gregorianas, pues son monjitas, y otro de cuencos tibetanos, para que sonaran continuamente; encendí la lámpara de sal, un incienso y un velón de esos llamados «de los siete días» (suele ser lo que duran) y así, pertrechada, me sentí mejor para pasar la noche.

No sé qué sería, el caso es que se removía, yo le atendía…, pero de una forma mecánica, en cualquier otro momento me inquietaba, preocupaba, incluso angustiaba, pero esta vez, no, parecía una autómata: le atendía, se calmaba, me acostaba y a dormir otro ratito, así toda la noche hasta la mañana siguiente…

Esa mañana, siguiendo un impulso o, como suelo pensar, un razonamiento lógico que, más tarde resulta ser premonitorio, le quité el arnés; Jesús se quedó perplejo y me preguntó que por qué lo hacía. Le dije que ya no lo iba a necesitar…, pues le estaba haciendo daño y podíamos moverle sin él (esto último es el razonamiento lógico).

Después le revisé las orejas y se las estuve limpiando aunque me pareció que me decía: «Ya no hace falta». Y, siguiendo en esa línea, respondí: «Sí, por lo menos te irás con ellas limpitas».

Ahora, desde la perspectiva que da el tiempo, todo esto lo hacía de forma automática, no era totalmente consciente de ese momento, o no quería serlo.

Por estas reacciones autómatas, me doy cuenta de que, en lo profundo de nuestro ser habita una sabiduría innata que puede saber mucho o llegar muy lejos y solo se manifiesta de forma espontánea, cuando menos bloqueos tenemos o nos dejamos fluir tranquilamente. Es decir, ante una situación, pensamos que estamos limitados, pero, por algún pequeño gesto, sí sabemos, podemos mucho más de lo que creemos. En definitiva, es cuestión de ejercitar esta parte de nuestro ser profundo tan anónima, desconocida, al igual que se ejercitan los músculos y se desarrollan con el ejercicio; ¿cómo?, pues profundizando en nuestro ser por medio de la relajación, meditación, oración, contemplación…

Durante la mañana estuvo inquieto, como siguiéndonos con la mirada, acaparándonos o como reclamándonos. Yo estuve haciendo cosas a su alrededor y Jesús se sentó a leer cerca de él, un poco por coincidencia, pero que lo agradeció. Hacia la mitad de la mañana tuvo una especie de crisis, me acerqué para cuidarle y le hablé (aunque le hablábamos continuamente, en ese momento me repetí), le dije otra vez que tenía que dejarse ir, que los que venían a buscar le querían y querían lo mejor para él, que iba a estar mucho mejor, que desde allí nos cuidaría mucho mejor… En fin, incluso se me ocurrió decirle que yo le acompañaría…, no sabía que más decirle, con esto y las flores de Bach parece que se fue calmando (tenía que convencerle de que se fuera): no se me olvidará nunca su mirada, no era de dolor, ¡era de pánico! Totalmente pánico. Le fui hablando y cuando ya no supe qué más decirle (él ponía cara de no entender, como que no lo podía procesar), él me respondió: ya no me quedan más fuerzas para resistirme…

Fue lo último que me comunicó en este plano…

En ese momento decidí que tenía que hacer un preparado de flores para que se abandonara; se lo di y parece que así se quedó tranquilo. Bueno estoy segura de que se quedó completamente tranquilo. Solamente se le oía respirar.

Jesús se fue a hacer otras cosas y yo también, aunque le echaba un vistazo de vez en cuando. Continuaba igual de tranquilo.

Hacia las tres y media, o menos cuarto, me sentí cansada y pensé en echarme un poco en el sofá para recuperar fuerzas antes de comer (algo que no es habitual en mí, en absoluto). Así lo hice antes de ver qué tal estaba: seguía igual… Me tumbé en el sofá y lo siguiente que pasó, de lo que fui consciente, es que me desperté… asombrada, pues nunca me he dormido a esa hora, y lo inmediatamente siguiente es que no oía su respiración, nada. Me levanté con cautela…, y le vi completamente tranquilo, quieto…, en paz ¡Nunca se me olvidará la paz que me proporcionó verle así! Ahora me pregunto si, realmente, era sentirle donde estaba… En verdad, es una certeza.

Le miré, le volví a mirar y como nunca tuve una experiencia así, pensé «¿será verdad lo que estoy pensando?». Tenía los ojos abiertos, como antes, pero no se movía nada: le miraba y me llenaba de paz. Fue al verle la lengua azul, cuando ya acepté, entendí…

Luego vino la peor parte. Cuando pensé en mí…, pues no voy a narrar lo que sentí porque fue un cúmulo de sensaciones, emociones… Yo creo que me asaltaron todos los fantasmas que llevo guardados en el subconsciente. Pasé algunos minutos tratando de conseguir un poco de templanza, pero no lo conseguía, tenía que decírselo a Jesús, pero no era capaz de articular palabra, así que le silbé…, él entendió que le llamaba para comer y rápidamente vino. Lo primero que hizo fue acercarse a verle y, dándose cuenta enseguida de la situación, rompió a llorar desconsoladamente lo que desencadenó la misma reacción en mí.

En ese momento me di cuenta de la terrible realidad: que no me imaginé nunca la situación, la rechacé de plano: siempre pensaba en él, que se iría, y lo daba por valido. Pensé que lo tenía más que asumido, pero nunca lo viví «en mí», después de tener este momento tan presente, diría, casi toda su vida, me encontré con que no estaba preparada.

Pero lo que más me ha sorprendido de esta etapa han sido los sentimientos que han actuado por libre, han campado a sus anchas. Toda mi vida he tenido esta etapa muy presente, la he vivido, estudiado, meditado; incluso, cuando alguien cercano se ha ido, me lo he tomado como un paso natural, un cambio de dimensión a una vida mejor. Pero en esta ocasión, me han fallado todos los pronósticos y he actuado, exactamente, como no se debe hacer, pues con dramatismos no ayudamos a quien se va, porque a ese ser también le cuesta separarse y si nos ve en un estado caótico va a retroceder en su camino…

También es cierto que no es lo mismo la persona que se va al cabo de la vida o, por muy querida que sea, no compartimos vivencias; no puede ser lo mismo que vivir con este ser maravilloso que nos acompañó casi 15 años y que se meten tan, tan, tan dentro con esas emociones, sentimientos tan puros, directos…, sentir ese vacío o quizá una gran falta de autoestima… Aquello de «¿qué voy a hacer sin él?», cuando ha sido después cuando más ha mostrado su continua presencia.

Símbolos

Por la tarde, a última hora, estuvimos charlando Jesús y yo sobre los símbolos que rodeaban al día: era día 22 del 8 del año 2012.

No sé qué relación tiene el que naciera el 8 de febrero, Jesús el 8 de agosto y yo el 8 de mayo, pero en ese día… se repite por cuatro veces el número 2. En el Árbol de la Vida (Cábala) se relaciona con el segundo séfira, con el Amor/Sabiduría, con el Hijo (se conoce por «Coro de Querubines»); por lo tanto, está dentro de las «Altas Esferas», la triada o triángulo divino.

Jesús también me contó que, el día anterior, se fue a dar una vuelta y, en esos momentos, pidió un mensaje. Entonces cuenta que vio salir de un árbol tres pájaros y, un poco más tarde, salió otro, pero no entendía…: pájaros, pájaros, aves; le dio la vuelta a la palabra aves: «seva…, se va». Con los tres pájaros saliendo del árbol y el cuarto después, compuso en su cabeza la frase: «Se va entre las tres y las cuatro, pero, pensó, ¿de la noche, de la mañana?».

Exactamente se fue sobre las cuatro menos cuarto del día siguiente…

Ese día, por otro lado, actuaba el ángel Omael el cual, entre otras cosas, defiende la vida y protege contra el «sacrificio de animales»… Esto me dejó estupefacta pues, debido a la presión social al respecto, tuve unas ciertas dudas sobre si utilizar la eutanasia con Japy para evitarle un posible sufrimiento y, aunque el trabajo del ángel está enfocado al sacrificio indiscriminado y, en muchas ocasiones, gratuito de toda la raza animal, en este caso… habría sido un tremendo error o este ángel nos iluminó, porque una cosa es que un animal esté en una situación terminal o límite de dolor y otra, utilizar la inyección así como así solo porque se haya convertido en una costumbre social.

Es curioso cómo la vida nos pone a prueba; en definitiva, no son más que aprendizajes, pero, claro está, si los primeros pasos son los correctos… ese tiempo que estamos ganando.

Días más tarde nos dijeron que, gracias a haberle respetado su tiempo, él pudo terminar un ciclo y, así cambiar a humano. Esto es lo más explícito que nos dijo una persona bien competente en el tema, aunque fueron hasta tres quienes nos hablaron de la importancia de haberle dejado su tiempo…, incluyendo él: como ya comenté anteriormente, si tuve alguna duda, desde luego, él me la despejó de una forma rotunda, nítida y sin el mínimo margen a ninguna otra opción.

Dicho todo esto, también quería incidir en que cada caso es muy especial y cada persona ha de tomar las soluciones que tenga a su alcance y a la medida de cada situación.

Porque, claro está, no es lo mismo matar a un ser inocente así porque sí, a que una persona tenga que tomar una decisión en una situación extrema con respecto a un ser querido o tan amado como son estos peludines.

Una fase del amor más puro, precisamente es tomar determinaciones contrarias a todo acto egoísta, es decir, que, el verdadero amor, algunas veces tiene que tomar decisiones duras y extremas: por ejemplo, dejar ir al ser amado, incluso animarle y ayudarle a dar el paso que es mejor para su evolución.

Si este es tu caso, evita la tan terrible culpa, angustia, etc., porque es exactamente lo contrario: has dado un paso muy difícil y completamente amoroso. Solamente escucha a tu corazón y al ser que te sigue en el invisible y obtendrás todo el amor y paz que le diste, bastante más acrecentado.

Y, después, quédate con ese sentimiento, solamente.

De cualquier forma, cuando un ser querido se va a los mundos invisibles, nosotros (solamente dejamos de verle con los ojos físicos), sea cual fuera su motivo, solemos caer en sentimientos tan negativos como absurdos;

por ejemplo, la culpa (a sabiendas de que el desenlace era inevitable), angustia y sentimiento de vacío, de abandono, cuando, con el tiempo, comprobamos que todo eso no existe, pues «ellos» forman parte de nosotros, por siempre; es más, con mucha más intensidad.

Precisamente, esos sentimientos negativos que se empeñan en hacerse notar, consiguen que nos alejemos de la auténtica realidad, la cual, con el tiempo, se hace patente: que para el Amor no hay distancias, ni tiempo, ni ningún tipo de separación. ¿Cómo va a haber separación si las relaciones más estrechas vienen, incluso, de vidas anteriores y caminamos todos hacia la unión o fusión con la energía cósmica, con el Todo-Uno?

* * *

Al día siguiente, me levanté con una sensación… no sé cómo explicarlo: como de inmensa paz, alegría, felicidad, como flotando entre nubes rosa o de todos los colores. No tengo ni idea si es que esa noche visité el séptimo cielo y me quedó la reminiscencia, si fue una jugada psicológica del cerebro o si alguien me envió energía… No puedo saberlo con certeza, y lo que está claro es que no recuerdo haber estado así muchas veces en mi vida, ni siquiera pocas.

Lo cierto es que pensé que era un día de celebración, de fiesta grande, pues Japy estaba, pues, en un paraíso… Así me lo tomé y así me preparé: me arreglé para la ocasión, estrené un vestido blanco, muy bonito, alegre, juvenil, que acompañé con unas mayorquinas rojas, y salimos a pasar el día ¡al sol, al aire…, en plena Naturaleza!

Y mientras me preparaba, podía oír su voz: «Mami… esto, mami… lo otro». En una ocasión me dejó clavada: «Mami, ¿porqué no te cuidas igual que me cuidaste a mi?». Desde entonces, tengo la sensación de que algo/alguien me vigila y me «censura» si no me cuido lo suficiente o que me obliga a ser mejor, más bien diría, a aspirar a lo mejor.

Entiendo que esto pueda parecer pura fantasía o ilusiones mías, pero no es así, porque a mí «ni se me habrían pasado, mínimamente, por la imaginación», surgieron espontáneas, como desde «fuera» de mí.

Yo recibí esta forma de hablar con un gran agrado, consuelo y admiración. La verdad es que tampoco me extrañó tanto, pues es de sobra conocido que los animales que viven cerca del hombre avanzan mucho más rápido, de forma que les resulta más fácil saltar de evolución. De hecho, es bastante deducible (y así nos lo dijeron varias veces) que Japy, en la próxima reencarnación, ya lo haga con forma humana.

Y esto ya lo avanza un refrán: *quien en esta vida tiene un perro listo, en la próxima tiene un hijo tonto*. Nos cuentan los maestros que es así: los hijos que nacen con disminuciones psíquicas es porque vienen de una evolución anterior, algún ser del reino animal que estuvo muy cerca emocionalmente de nosotros y que ha dado el salto evolutivo.

Ese día le oía o entendía perfectamente y aunque después, seguramente porque yo me fui cerrando o, en algunos momentos, rodeándome de negatividad (con recrearnos en el mundo de las sombras conseguimos aislarnos de los mundos sutiles, donde están ellos, sin poder acceder a nosotros ni poder ayudarnos), aun así, en muchos momentos ha sido más su empeño en hacerse notar de lo que yo hubiera esperado, bastante más.

Cuando ya pensamos en volver a casa, llegamos a un cruce donde teníamos que girar a la derecha, un cruce donde, continuando de frente se llega a lo que llamamos «el bosque mágico» pues es un lugar idílico, un pequeñito valle rodeado de montaña, que da al mediodía, de forma que, en ese mediodía, el sol le baña por completo; detrás está la montaña y enfrente un pequeño embalse o presa, lo que en *feng shui* se conoce por una situación ideal. De la montaña baja un arroyo que, en ocasiones es más caudaloso o desaparece en los calurosos días de verano, aún así, es el lugar más fresco que conozco. Y lo denomino «mágico» porque estoy segura de que si tuviera la vista desarrollada para ver los otros mundos, vería hadas, duendes, gnomos…, es que se palpan y en esto coincido con otras personas que, incluso, aseguran haberlos visto.

Entonces, ya en el cruce le dije a Jesús que si íbamos al bosque mágico y Jesús me dijo: «¿Sin Japy?», a lo que yo respondí inmediatamente: «¡No, no, vamos con él, claro!». No era una simple quimera, sino que era una certeza absoluta. De hecho, y, en adelante, se empeñaba en que fuéramos a los lugares en que paseábamos con él como para recrear buenos momentos y vivencias y… de esa forma, quedarnos con los buenos recuerdos, también realmente para sentir que él seguía paseando con nosotros) y allá fuimos.

Llegamos al pequeño valle donde, la última vez que estuvimos (hacía poco), había un tronco de un gran árbol caído (o serrado) y donde estuvimos sentados mientras Japy paseaba por los alrededores, se bañaba en el riachuelo…, aunque, el último día, después de darse una vuelta, se sentó a nuestro lado, al lado del gran tronco.

Bien , pues, llegando al árbol caído y, exactamente donde se sentó Jesús la última vez, pudimos leer algo que alguien había escrito, algo que nos dejó petrificados:

YO SOY LA RESURRECCIÓN Y LA VIDA.
YO SOY LA VIDA

Cuando reaccionamos y, sin dudarlo, hicimos una foto, la cual salió nítida, incluso hicimos varias con lo cual, las letras eran bien físicas, ¡no podíamos haber terminado el día con mejor corolario!

Foto del árbol caído con la frase

Otra anécdota, en esta línea, es que, días más adelante, fuimos a pasear a un parque que le gustaba especialmente y al llegar a un banco de madera donde «nos decía que nos sentáramos» mientras él se esparcía, había escrito en el respaldo y bien grande

2 K ♥

Ya casi no nos sorprendimos y sí sonreímos… se repite el 2, la K no la entendemos muy bien, a no ser que se refiera al corazón, y el corazón… habla por sí solo.

Pasamos tiempo después y ahí sigue…, incluso ¡ha crecido! Ahora han añadido: PERRONE ☺.

Foto del banco donde nos decía que nos sentáramos

Es muy importante permanecer atentos, alerta, con la atención despierta, pues es como mejor se pueden recibir mensajes de los mundos invisibles, en lugar de cerrarnos, llorar desesperadamente pensando en que no existe nada. Así cerramos todo nuestro campo energético de forma que no puede entrar nada positivo, de luz.

Si insistiéramos en permanecer en este estado de dolor, de duelo, aunque hubiera el ser más poderoso queriendo insuflarnos energía de luz, de optimismo, no habría forma. Deberíamos tener mucho cuidado con cerrarnos en estos estados negativos, melancólicos, pues, además de enriquecerlos, nos aíslan determinantemente de la posibilidad de mejorar.

De hecho, en estas circunstancias, mucha gente piensa: «No, no, no paso por ahí, no hago esto o lo otro porque me recuerda…», pero este es un pensamiento erróneo, pues la persona, el ser que se ha ido, también echa de menos la situación anterior y también le cuesta desprenderse; entonces, es en los lugares, situaciones anteriores donde puede haber un punto de conexión entre ellos y nosotros.

De hecho, nosotros, en principio, pensamos actuar así…, evitando pasar por…, pero algo nos impelía con fuerza a que sí fuéramos a los lugares habituales. Es decir, algo no: él, como que nos suplicaba que fuéramos «como antes» y realmente han sido experiencias mágicas, maravillosas, de transición en la que <u>todos</u> revivimos de alguna manera los momentos pasados y que nos ayudan a procesar el cambio en mejor estado de ánimo.

Algún tiempo después, dando una vuelta por Facebook, vi una foto de varios animalitos como en una especie de cielo en la que estaba escrito algo así como «ellos no se mueren porque están en su cielo y desde allí nos acompañan». Debajo de esa foto había otra que decía: Yo Soy la Resurrección y la Vida…, e inmediatamente debajo, otra foto con la mitad de la cara de un perro que, casi podría decir ¡era la suya, era idéntico! Y eso que él era bien original.

Días después de su partida física y, sin darme cuenta, pasé la mano por el velón de los siete días y noté calor. Cuál fue mi sorpresa cuando me di cuenta de que todavía ¡estaba encendido!, y eso que, cuando lo encendí, ya estaba por la mitad o menos. También es verdad que la llamita era pequeña. Pero lo sorprendente es que, pasando al menos 10 días ¡seguía encendido…!

Algún tiempo, más tarde, me sorprendió otra anécdota: ya era de noche y, antes de cenar, me tumbé un rato en el sofá para relajarme, meditar... (cosa rara, porque no suelo hacerlo) y parece ser que me volví a quedar dormida porque, de lo siguiente que fui consciente es de que le oí bajando por las escaleras, dándose trompicones y porrazos durante bastante rato, lo cual me angustió una barbaridad pues era el mismo sonido que hacía él, cuando, a última hora bajaba las escaleras y se tropezaba, escurría por algún escalón, aunque lo que oí fue más prolongado en el tiempo.

Entonces pensé que él estaba viviendo en el pasado, como cuando estaba viejito, y no se había adaptado a su nueva situación (esto, según nos cuentan los que ven en el mundo invisible, nos pasa a las personas que, aún después de muertas podemos seguir con las mismas pautas, ropas, heridas, enfermedades..., tal es el apego).

Entonces, empecé a hablarle con mucha fuerza, que no pensara así, que ahora estaba sano, joven, feliz…, que tenía que adaptarse a su nueva situación, ya sin ningún problema físico. En fin, traté de convencerle, y cuando terminé, él me respondió: «**Entonces**, ¿por qué tú sigues viviendo pensando en mí, como era en el pasado?».

Me dejó pasmada, helada y perpleja…, con que sabiduría, hacia dónde me condujo para llegar a esta conclusión.

Es cierto que nos quedamos anclados en el pasado, recordando al ser en el mundo físico, cuando se trata de una adaptación a la nueva situación. Es un gran problema de adaptación: es como si, por no ver a alguien, ya pensáramos que no existe y le rememoramos en un tiempo anterior, en lugar de vivirle en el presente…

* * *

Después de que se fue de este plano/mundo fue cuando casi más notamos su influencia o dimensionalidad en ciertos temas. ¡Nos cayeron una cantidad de sincronías, mensajes, regalos...!; nos sentimos tremendamente protegidos y acompañados. Siempre he pensado, desde entonces, el esfuerzo que tendrá que hacer este ser para manifestarse de esa forma. Siempre su entrega voluntariosa ante todo.

Recuerdo los primeros días, y aún hoy, cuando salimos a pasear, que perros, y sobre todo, gatos salen corriendo al acercarnos, ¡como cuando iba él!

A veces, alguna perrita se nos acerca y nos huele con insistencia, y nos dice el dueño: «Qué raro, no suele actuar así, ¿tenéis perro?». Y nosotros sonreímos pensando en que está con nosotros. claramente.

Cosas que nos han pasado, muy beneficiosas, se las atribuimos a él, pero lo más gracioso es que, si no nos damos cuenta, viene alguien y nos lo dice: «Esto es cosa de Japy».

La primera feria del libro que pasamos después de su partida la temíamos, porque estas solían ser un momento especial para todos, y más para él: ¡era una gran fiesta! y, sin embargo, ¡fue la feria que más estuvo presente!, ¡llena de una magia y una luz especial!

De entre tantos mensajes que recibimos, uno de los más emotivos fue el de Paco. Cuando le quisimos avisar… él ya lo sabía, pues Japy le había hecho una visita. Este es el mensaje que nos envió:

«¿Me creeríais si os dijera que hace tres noches soñé con Japy y supe que se moría? Había una relación muy especial entre nosotros dos desde el primer momento en que nos encontramos pero, especialmente, desde que, con gran sorpresa por mi parte, pude curarle, en un instante, aquel mal misterioso que lo tenía medio muerto (la única vez en mi vida que he intentado y logrado algo así) y él me correspondió la semana siguiente saltando sobre mi y curándome, también al instante, con un golpe en mi mano, una artritis perniciosa alojada precisamente allí.

»Estoy seguro de que anda aún a vuestro alrededor, corriendo y jugando, como siempre. Los perros tienen la misión de alejar de los hogares en que viven las energías negativas. Y él lo cumplió y os hizo felices al tiempo que él lo era. Siempre lo recordaré. Muchas veces he tenido la idea de ir por ahí a visitaros y siempre, siempre, ha aparecido en mi pantalla mental, el bueno de Japy ladrando y saltando a mi alrededor celebrando nuestro reencuentro».

También Mary, que no usa pijamas para dormir, un día fue a comprar uno en el que ponía HAPPY DREAMS (Sueños felices) con un gran corazón dibujado… En ese momento le vino Japy a la cabeza. Fue el mismo día de su paso al Más Allá.

Dicen que el cielo está lleno de pendientes desparejados que se llevan de sus familiares y amigos los seres que están en el Más Allá como prueba y mensaje de que siguen vivos. A mí me pasó al revés: cayó rodando un pendiente, que no conozco, de encima de la ropa que ¡acababa de recoger de la cuerda!

Y también dicen que las plumas son mensajes de los que viven en los mundos invisibles y que son ellos quienes las envían para hacerse notar. Desde entonces, a menudo, aparece una pluma en nuestra ropa o en la cama.

Cuando un ser querido se va de este plano, no podemos pensar de ninguna de las maneras en que no está porque, precisamente, ¡ES CUANDO ESTÁ MÁS PRESENTE!, está cerca de nosotros: sin tiempo, ni espacio…

TRANSMISOR DEL INVISIBLE

Hay una experiencia subliminal con él, quizá la más importante, la que más me ha impactado, pero que no me atrevía a contar.

Un día, rondando por Facebook, me encontré algo que, pensé, era indescriptible, pero ahí estaba y firmado por un gran maestro, quizá uno de los que mejor entiendo.

Este era el texto:

«Aunque no les prestemos mucha atención, los animales forman parte de nuestra vida, y estando a nuestro lado, algunos llevan una existencia de la que deberíamos aprender mucho. Habláis a un animal y hace como si no os comprendiese; en realidad, puede muy bien comprender, pero cuando quiere. No sabemos lo que sucede en la cabeza de los animales, pero quizá ellos sepan mejor que nosotros lo que sucede en la nuestra. Nosotros no les comprendemos, son como enigmas que están ante nosotros, pero ellos nos comprenden o, más exactamente, nos sienten. A veces, al tratar de captar la mirada de ciertos animales, tenemos la impresión de que nos esconden algo. ¿Por qué tenemos esta impresión? Porque en realidad, a veces **están habitados por entidades astrales que nos observan a través de sus ojos. Sí, otras criaturas vivas, inteligentes, pueden mirarnos a través de los ojos de un perro, de un gato, o de un caballo... Esto es lo que a veces nos da esa extraña sensación de que son algo más que simples animales. En sus ojos encontramos la mirada de estas entidades».**

Omraam Mikhaël Aïvanhov

Ahora, desde la racionalidad que da la distancia en el tiempo, me doy cuenta de que él estuvo en una época muy dura y en la que, efectivamente, fue una de las tres o cuatro patas de la mesa de nuestra existencia en esos momento difíciles.

Considero que fue enviado por los dioses para hacernos la vida más agradable, llevadera. Por pequeñas sutilezas, intuiciones… alguna vez pensaba en que parecía algo más que un perro; de hecho, alguna persona también lo dijo: «Puri, yo tengo perros y sé cómo son y este no es igual, este es especial». Ese «especial» parecía entreverse, algunas veces, como un ser más allá de la forma física.

MENSAJES

El lazo con él ha sido tan intenso, que la comunicación no se detuvo después de partir de este mundo. Es la explicación que encuentro a esos momentos en que percibí ciertas cosas, frases, mensajes…

De hecho, siempre estuve reacia a profundizar en los mundos invisibles, pero cuando pasamos por una experiencia en que un ser querido se va, creo que es la oportunidad de oro para acercarnos a esos mundos que algún día nos recibirán.

Se trataría de conocerlos como el que va a ir de viaje y, antes, se informa del lugar al que va a ir: estudia distintas guías, se informa de las costumbres del país, etc.

Por otro lado, cuando un ser querido parte hacia el otro mundo, es una forma de transformación, la cual también nos ocurre a los que quedamos aquí. Sobre todo, se pone más de manifiesto en los primeros momentos: una extraordinaria sensibilidad que nos hace conectar con aquellos mundos con suma facilidad, por ejemplo.

Aunque, con el tiempo, esas percepciones se notan más claras, en medio de la paz que da la seguridad de que siempre permanecerán a nuestro lado porque, realmente y de una forma intrínseca, son parte de nosotros.

Será por esto que, en determinados momentos y con mucha intensidad, como «ajenos a mí», como para darlos por fantasías, me habló de esta forma:

Habéis de ser felices igual que yo lo
era cuando estaba con vosotros
(Y será una forma de honrarme).
Porque la obra en la que estamos es muy importante
(Tenéis que estar a la altura –yo participo en ella-).
Y así lo veréis cuando conozcáis toda su dimensión.

Somos un grupo de personas (seres)
que trabajan por dar un conocimiento/
amor a la humanidad
Y vosotros sois representantes para
esparcir ese conocimiento.
(Ya sabéis algo más, aunque falta).

Si estáis tristes, además de no haceros bien, no
podréis desarrollar ese trabajo en buenas condiciones
Y, además, contagiáis a los demás esa tristeza.
¡Tan importante es que seáis felices!

Entendí, con el tiempo, que en estos dos pensa-mientos, cuando habla de «vosotros» se refiere a un grupo de personas cada vez más grande (nos vamos uniendo, por afinidad, cada vez más), incluso, desde cualquier parte del planeta…

«Yo soy, yo soy
Haya discípulos o no, eso carece de importancia.
No depende de ti, y **todo mi esfuerzo aquí es conseguir que también tú no seas dependiente de mí**.
Estoy aquí para darte libertad. No quiero, de ninguna forma, anularte.
Solo quiero que seas tú mismo.
Y el día en que eso suceda, cuando seas independiente de mí, serás capaz de amarte realmente. No antes».

(Osho)

Textos de distintos autores

Transcribo un artículo de Rosa Montero que describe muy bien estos sentimientos:

Amar a un animal

Me llega por Internet una de esas típicas presentaciones con música y fotos. La mayoría de estos trabajos me parecen pringosamente cursis y bastante penosos, pero este está bien hecho. Proviene de Cádiz, lo firma una tal María Larissa y es muy sencillo: una serie de estupendas fotos de fauna salvaje y unas cuantas frases de personajes ilustres sobre los animales. Son unas citas en general bien escogidas, y algunas me parecieron especialmente agudas. Como esta del escritor francés Anatole France: «Hasta que no hayas amado a un animal, parte de tu alma estará dormida».

France, premio Nobel en 1921, era un hombre pródigo en dichos memorables. Yo suelo citar estas palabras suyas: «¿Cuál es la frase más bella? La más corta». Y ahora mismo recuerdo otra sentencia de France que me encanta: «La oscuridad nos envuelve a todos, pero mientras el sabio tropieza en alguna pared, el ignorante permanece tranquilo en el centro de la estancia». Sin embargo, no conocía esa reflexión sobre los animales, y cuando la he leído, me ha impresionado. Ha sido como reconocer algo que yo ya intuía, pero que no sabía de manera consciente porque no había sido capaz de expresarlo. France lo dijo por mí, y ahí me enteré de lo que me pasaba. Esa es la maravilla de la comunicación humana, ese es el milagro de los buenos escritores: resulta que sus palabras nos explican nuestra propia vida.

Esto no quiere decir, naturalmente, que todos los amantes de los animales sean, por el mero hecho de serlo, gente maravillosa. De todos es sabido que Hitler adoraba a los perros y que sentía mucha más angustia ante la agonía de una langosta en la cacerola (en el Tercer Reich hubo leyes que prohibían cocer vivos a los crustáceos) que ante el gaseamiento de un niño judío. Y es que el ser humano es una criatura caótica y enferma, capaz de contradicciones de este calibre. Pero lo que sí parece cierto es lo contrario: que los individuos que son crueles con los animales son muy mala gente. De hecho, una investigación multidisciplinar que se hizo en Escocia hace algunos años demostró que la mayoría de los sujetos que habían sido denunciados por maltrato animal habían cometido también crímenes violentos contra otras personas. Siempre me han gustado los animales, pero no conviví con uno (no amé a uno) hasta hace más o menos treinta años, que fue cuando tuve a mi primer perro. Y sí, Anatole France tiene razón: a partir de aquel momento, algo se despertó en mí. Algo que yo ignoraba se hizo presente. Fue como desvelar una porción del mundo que antaño estaba oculta, o como añadirle una nueva dimensión. Convivir con un animal te hace más sabio. Contemplas las cosas de manera distinta y llegas a entenderte a ti mismo de otro modo, como formando parte de algo más vasto. El famoso naturalista David Attenborough me dijo en una entrevista que uno de los momentos más intensos y conmovedores de su existencia fue cuando se encontró en mitad de la selva de Ruanda con un gorila de las montañas, un enorme *espalda plateada,* y los dos se miraron a los ojos y se reconocieron, por encima del abismo de las especies. En esa mirada cabe el Universo.

El animalismo, en fin, que es como se denomina el movimiento en pro de los derechos de los otros animales, es un producto moral e intelectualmente refinado. Quiero decir que la conciencia animalista forma parte del proceso de civilización, y que cuanto más culta y democrática sea una sociedad, menos cruel será con todos los seres vivos. «Un país, una civilización se puede juzgar por la forma en que trata a sus animales», decía atinadamente Mahatma Gandhi (frase también incluida en la presentación de Internet). La España actual, que tanto alardea de modernidad, sale muy mal parada si la juzgamos siguiendo el dictamen de Gandhi: seguimos siendo bárbaros, seguimos siendo feroces. ¿Para cuándo la Ley Nacional de Protección Animal, que ha sido reclamada por casi un millón y medio de firmas, que el PSOE llevaba en su programa electoral y que sigue en el limbo de las promesas incumplidas? Déjame que te diga una última cita del trabajo de la gaditana. Pertenece a George T. Angell, un abogado estadounidense del siglo XIX que fue uno de los pioneros en la lucha animalista, y dice así: «A veces me preguntan: ¿Por qué inviertes todo ese tiempo y dinero hablando de la amabilidad con los animales cuando existe tanta crueldad hacia el hombre?». A lo que yo respondo: «Estoy trabajando en las raíces». Sí, hay que trabajar en las raíces si de verdad aspiramos a ser un poco mejores.

UNA POESÍA:

La muerte no es el final

Viendo hoy las noticias, algo me llamó la atención: que, en el desfile militar, cantaron la canción *La muerte no es el final*.

Nunca en mi vida la he oído, por lo menos, que yo recuerde, el caso es que la busqué y me ha sorprendido pues la letra es corta pero bien inspirada:

Tú nos dijiste que la muerte
no es el final del camino,
que aunque morimos no somos,
carne de un ciego destino.

Tú nos hiciste, tuyos somos,
nuestro destino es vivir,
siendo felices contigo,
sin padecer ni morir.

**Cuando la pena nos alcanza
por un hermano perdido,
cuando el adiós dolorido
busca en la Fe su esperanza.**

**En Tu palabra confiamos
con la certeza que Tú
ya le has devuelto a la vida,
ya le has llevado a la luz.
Ya le has devuelto a la vida,
ya le has llevado a la luz**

Cuando, Señor, resucitaste,
todos vencimos contigo
nos regalaste la vida,
como en Betania al amigo.

Si caminamos a tu lado,
no va a faltarnos tu amor,
porque muriendo vivimos
vida más clara y mejor.

La he obtenido de Wikipedia, donde explica que es una canción cristiana (más tarde las Fuerzas Armadas la adoptaron como himno a los soldados caídos), compuesta por un sacerdote, *Cesáreo Gabaráin Azurmendi*, el cual compuso centenares de canciones, alguna de ellas mundialmente conocida como es *Pescador de Hombres...*, ¡la canción que más me impresiona y emociona, siempre! Seguí tirando del hilo cada vez más emocionada y encuentro en YouTube esta canción ¡cantada por Juan Pablo II!

No he podido evitar trasladar a este espacio tal cantidad de sincronías. Y aquí te dejo el vídeo:

http://www.youtube.com/watch?v=XQrmy-76ENo#t=35

Y unas últimas frases:

«La grandeza de una nación y su progreso moral puede ser juzgado por la forma en que sus animales son tratados. Para nosotros no es necesario comer carne. El consumo de carne es inadecuado para nuestra especie» **(Mahatma Ghandi)**.

«¿Cómo podéis asesinar y devorar despiadadamente a esas adorables criaturas que mansa y amorosamente os ofrecen su ayuda, amistad y compañía?» (**San Francisco de Asís**).

«Si un hombre aspira a una vida correcta, su primer acto de abstinencia es el de lastimar animales» (**Tolstoy**).

«Las mentes más profundas de todos los tiempos han sentido compasión por los animales» (**Friedrich Nietszche**).

«La conmiseración con los animales está íntimamente ligada con la bondad de carácter, de tal suerte que se puede afirmar seguro que quien es cruel con los animales, no puede ser buena persona» (**Arthur Schopenhauer**).

«Podemos juzgar el corazón de una persona por la forma en que trata a los animales»(**Immanuel Kant**).

«¿Crees que los perros no irán al Cielo? Te digo, que ellos estarán ahí mucho antes que cualquiera de nosotros» (**Robert Louis Stevenson**).

«Cuando un hombre se apiade de todas las criaturas vivientes, sólo entonces será noble» (**Buda**)

«Los animales son de Dios. La bestialidad es humana» (**Víctor Hugo**).

«Sostengo que cuanto más indefensa es una criatura, más derechos tiene a ser protegida por el hombre contra la crueldad del hombre. Debo realizar todavía muchas purificaciones y sacrificios personales para poder salvar a esos animales indefensos de un sacrificio que no tiene nada de sagrado. Ruego constantemente a Dios para que nazca sobre esta tierra algún gran espíritu, hombre o mujer, encendido en la piedad divina, capaz de librarnos de nuestros horrendos pecados contra los animales, salvar las vidas de criaturas inocentes y purificar los templos» (**Mahatma Gandhi,** sobre el sacrificio de animales).

«Si hablas con los animales, ellos hablarán contigo y os conoceréis mutuamente. Si no hablas con ellos, no los conocerás. Y lo que no conoces, lo temerás. Lo que uno teme, uno lo destruye» (**Chief Dan George).**

«Si tienes hombres que excluyan alguna de las criaturas de Dios del refugio de la compasión y la pena, tendrás hombres que interaccionarán de igual modo con sus semejantes humanos» (**San Francisco de Asis).**

«Los ojos de un animal tienen el poder de hablar un gran idioma» (**Martin Buber).**

«Nada beneficiará la salud humana ni incrementará nuestra oportunidad de sobrevivir a la vida en la tierra más que la evolución hacia una dieta vegetariana» (**Albert Einstein).**

«El alma es la misma en todas las criaturas, aunque el cuerpo de cada uno es diferente» (**Hipócrates).**

«Por miedo de causar terror a los seres vivientes, que se abstenga de comer carne aquel que quiera lograr compasión» **(Buda).**

«Nunca mojes tu pan con sangre de inocentes animales ni de tus semejantes» **(Pitágoras).**

«No destruyas la obra de Dios por causa de la comida. Bueno es no comer carne ni beber vino» **(Romanos XIV 20).**

Ricardo Wagner: fue un entusiasta reformador de la alimentación. Consideraba la reforma alimentaria como la única esperanza de regeneración de la raza.

«Desde muy joven he abjurado del consumo de carne, y llegará el tiempo en que, así como yo, otros hombres miraran el asesinato de animales igual que hoy miran el asesinato de hombres» **(Leonardo Da Vinci).**

«Y la carne de las bestias asesinadas se convertirá en la propia tumba dentro del cuerpo de quien la consuma. Porque en verdad os digo, aquel que mata se mata a sí mismo y quien come la carne de bestias asesinadas come el cuerpo de la muerte» **(Jesucristo** –tomado del *Evangelio esenio de la paz*–).

OTROS TÍTULOS DE LA AUTORA PUBLICADOS POR ESTA EDITORIAL

PLANTAS MEDICINALES PARA LA SALUD

Guía útil que contiene las mejores plantas medicinales que el lector encontrará fácilmente en cualquier herboristería, cuya eficacia ha sido demostrada por miles de personas que han mejorado o han sido curadas de sus dolencias.

RESPUESTAS ANGÉLICAS

Este libro nos ayudará a obtener respuesta a cualquier pregunta a través del programa de los 72 ángeles de la Cábala.

¿QUIÉN ERES?

¿Sabes quién eres? Si aún no lo has descubierto, este libro te invita a hacerlo. Su autora nos aporta las claves para acercarnos a nuestra verdadera esencia y entregarle las riendas de nuestra vida cotidiana.

OTROS TÍTULOS PUBLICADOS POR ESTA EDITORIAL

ÁNGELES PROTECTORES

Descubre a tu ángel guardián y bene-fíciate de sus virtudes.
Un libro para alcanzar el amor, la salud y la prosperidad a través de los ángeles.

PROTECTORES INVISIBLES

Estudio e investigación, del gran clarividente Leadbeater, a través de diversas historias sobre distintas apariciones

¿LA MUERTE? ¡NO EXISTE!

El libro hace un recorrido por todas las situaciones en las que puede ver-se una persona que abandona este mundo, y ofrece unos consejos prác-ticos a los que tienen que resignarse con la pérdida de un ser querido.

APARICIONES Y ENCUENTROS CON ÁNGELES

En este libro se recogen, por primera vez, las apariciones o encuentros con ángeles más importantes y que han tenido mayor repercusión en la Historia.

ÁNGELES, LAS FUERZAS OCULTAS DEL UNIVERSO

Un estudio completo sobre la importancia de los ángeles en el Universo y en nuestra vida cotidiana.

JESÚS Y CRISTO, HISTORIA OCULTA DE UNA MISIÓN DIVINA

¿Quién es Jesús?, ¿quién es Cristo?, ¿cuál fue su Misión?, ¿está cerca Su segunda venida? ¿En que punto evolutivo se encuentra la Humanidad actualmente? ¿Por qué se produjo la caída terrenal y que consecuencias tuvo para el ser humano?
Todas estas preguntas, y muchas más, son contestadas con claridad en este libro revelador.